总主编 林家阳

设计色彩
（第二版）

肖 丹　关巨伟　编著

中国轻工业出版社

图书在版编目（CIP）数据

设计色彩/肖丹，关巨伟编著. —2版. —北京：中国轻工业出版社，2025.8

ISBN 978-7-5184-4211-9

Ⅰ.①设… Ⅱ.①肖… ②关… Ⅲ.①色彩学 Ⅳ.①J063

中国版本图书馆CIP数据核字（2022）第234843号

责任编辑：毛旭林

文字编辑：张 晗　　责任终审：劳国强　　整体设计：锋尚设计
策划编辑：毛旭林　　责任校对：吴大朋　　责任监印：张　可

出版发行：中国轻工业出版社（北京鲁谷东街5号，邮编：100040）
印　　刷：艺堂印刷（天津）有限公司
经　　销：各地新华书店
版　　次：2025年8月第2版第3次印刷
开　　本：870×1140　1/16　印张：9.5
字　　数：260千字
书　　号：ISBN 978-7-5184-4211-9　定价：58.00元
邮购电话：010-85119873
发行电话：010-85119832　010-85119912
网　　址：http://www.chlip.com.cn
Email：club@chlip.com.cn
版权所有　侵权必究
如发现图书残缺请与我社邮购联系调换
251143J1C203ZBW

序一
PROLOG 1

中国的艺术设计教育起步于 20 世纪 50 年代，改革开放以后，特别是 90 年代进入一个高速发展的阶段。由于学科历史短，基础弱，艺术设计的教学方法与课程体系受苏联美术教育模式与欧美国家 20 世纪初形成的课程模式影响，呈现专业划分过细，实践教学比重过低的状态，在培养学生的综合能力、实践能力、创新能力等方面出现较多问题。

随着经济和文化的大发展，社会对于艺术设计专业人才的需求量越来越大，市场对艺术设计人才教育质量的要求也越来越高。为了应对这种变化，教育部将"艺术设计"由原来的二级学科调整为"设计学"一级学科，既体现了对设计教育的重视，也是进一步促进设计教育紧密服务于国民经济发展的必要。因此，教育部高等学校设计学类专业教学指导委员会也在这方面做了很多工作，其中重要的一项就是支持教材建设工作。

2021 年是"十四五"的开局之年，在教育部全面推进普通本科院校向应用型本科院校转型工作的大背景下，由设计学类专业教指委副主任林家阳教授任总主编的这套教材，在强调应用型教育教学模式、开展实践和创新教学，整合专业教学资源、创新人才培养模式等方面做了大量的研究和探索；一改传统的"重学轻术""重理论轻应用"的教材编写模式，以"学术兼顾""理论为基础、应用为根本"为编写原则，从高等教育适应和服务经济新常态，助力创新创业、产业转型和国家一系列重大经济战略实施的角度和高度来拟定选题、创新体例、审定内容，可以说是近年来高等院校艺术设计专业教材建设的力作。

设计是一门实用艺术，检验设计教育的标准是培养出来的艺术设计专业人才是否既具备深厚的艺术造诣，实践能力，同时又有优秀的艺术创造力和想象力，这也正是本套教材出版的目的。我相信在应用型本科院校的转型过程中，本套教材能对学生奠定学科基础知识、确立专业发展方向、树立专业价值观念、提升专业实践能力产生有益的引导和切实的借鉴，帮助他们在以后的专业道路上走得更长远，为中国未来的设计教育和设计专业的发展提供新的助力。

教育部高等学校设计学类专业教学指导委员会原主任
中国艺术研究院教授 / 博导 谭平

序二
PROLOG 2

办学，能否培养出有用的设计人才，能否为社会输送优秀的设计人才，取决于三个方面的因素：首先是要有先进、开放、创新的办学理念和办学思想；其二是要有一批具有崇高志向、远大理想和坚实的知识基础，并兼具毅力和决心的学子；最重要的是我们要有一大批实践经验丰富、专业阅历深厚、理论和实践并举、富有责任心的教师，只有老师有用，才能培养有用的学生。

除了以上三个因素之外，还有一点也是非常关键，不可忽略的，我们还要有连接师生、连接教学的纽带——兼具知识性和实践性的课程教材。课程是学生获取知识能力的宝库，而教材既是课程教学的"魔杖"，也是理论和实践教学的"词典"。"魔杖"通过得当的方法传授知识，让获得知识的学生产生无穷的智慧，使学生成为文化创意产业的有生力量。这就要求教材本身具有创新意识。本套教材是从设计理论、设计基础、视觉设计、产品设计、环境艺术、工艺美术、数字媒体和动画设计等方向设置的系列教材，在遵循各自专业教学规律的基础上做了不同程度的探索和创新。我们也希望在有限的纸质媒体基础上做好知识的扩充和延伸，通过本套教材中的案例欣赏、参考书目和立体化资料等，起到一部专业设计"词典"的作用。

我们约请了国内外大师级的学者顾问团队、国内具有影响力的学术专家团队和国内具有代表性的各类院校领导和骨干教师组成编委团队。他们中有很多人已经为本系列教材的诞生提出了很多具有建设性的意见，并给予了很多有益的指导。我相信以我们所具有的国际化教育视野以及我们对中国设计教育的责任感，能让我们充分运用这一套一流的教材，为培养中国未来的设计师奠定良好的基础。

教育部高等学校设计学类专业教学指导委员会副主任
教育部职业院校艺术设计类专业教学指导委员会原主任
同济大学教授 / 博导 林家阳

前言 FOREWORD

色彩与光有着千丝万缕的联系，没有光线，就看不到色彩。在光的作用下，我们看到了极光浮现、峡谷蜿蜒、神奇海洋……色彩汇成了一场感官的盛宴。我们认识色彩，但不一定真正了解色彩，以往的设计色彩教学方法中，主要是对着物象去表现、再现，条理性与创新性有限，课程结束后学生往往困惑茫然。如何使学生的学习手段及方式更直接有效、色彩的审美能力怎样提高、怎样才能有利于后续专业课程的延伸衔接，是本次修订的重点。本次修订不仅优化了章节顺序，还更新了教学案例，使之更具合理性，更有教学参考性：采用"理论—实训—应用"三段式教学，从大师作品解读到提高色彩审美修养，从色度系统的认识到色彩规律的掌握，从色彩文化专题探讨到设计创新的培养，通过理论学习及课题训练，提高学生的色彩观察能力、审美能力、想象能力、分析能力、构成能力及表现能力等，从而推进设计基础课在各学科交叉融合的作用，为专业设计应用打下坚实的基础。

本书特点主要体现在以下四个方面：

其一，通俗易懂的理论知识。简明扼要地分析知识点，突出实验性、过程性、趣味性、示范性、交叉性和前瞻性；通过学习大师作品掌握色彩选用和搭配技巧，提升色彩设计与运用能力。

其二，循序渐进的课题设计。将课程内容的原理、规则、方法等知识要素转化为可操作的课题。实训部分每节设计了五个专题，通过练习，逐渐提升色彩表现能力、创作能力及应用能力。

其三，思政教育元素的融入。党的二十大报告指出：推进文化自信自强，铸就社会主义文化新辉煌。中国的传统色彩文化是中国传统文化的重要组成部分，本书第二章深入浅出地分析中国人的色彩观，从中国传统文化艺术中提炼色彩意象，认知传统艺术理念、领会传统色彩情感表达、创建民族审美素养，探索现代设计与传统色彩的联结。

其四，精选课题案例，拓展视野。通过案例使学生增强色彩的表现经验、创新意识，激发学生的学习兴趣；增强其向大自然借鉴、向传统工艺美术和名画色彩借鉴的意识；提升其对色彩进行采集、储存、分析、加工的能力。

本书为编者多年教学实践和专业研究成果的总结，在编写过程中，借鉴了大量优秀作品，参阅了国内外色彩方面的著作及教学经验，在此，谨向这些作者深表谢意。同时，非常感谢林家阳教授在本书编写过程中的鼎力支持和无私帮助！但愿本书能给艺术设计专业的学生以指导，能给从事设计造型基础教学的老师以参考。如有疏漏，真诚地希望读者和专家不吝指教。

课时安排

（建议课时：64）

章　节	课程内容	课　时	
第一章 色彩基础理论	一、色彩的启示	4	8
	二、色彩的产生		
	三、色彩三属性		
	四、色彩的混合		
	五、色彩的知觉		
	六、色彩的性格	4	
第二章 色彩技法实训	训练一——名画鉴赏与色彩表现		16
	1. 知识链接	4	
	2. 知识拓展	4	
	3. 专题实训	8	
	训练二——色彩搭配技巧		16
	1. 知识链接	4	
	2. 知识拓展	4	
	3. 专题实训与作品展示	8	
	训练三——色彩文化		16
	1. 知识链接	4	
	2. 知识拓展	4	
	3. 专题实训	8	
第三章 色彩设计应用	一、产品色彩	1	8
	二、品牌色彩	1	
	三、平面色彩	2	
	四、时尚色彩	2	
	五、空间色彩	1	
	六、数字色彩	1	

目录 CONTENTS

第一章　色彩基础理论 10

第一节　色彩的启示 11
 1. 色彩是一种感觉媒介 11
 2. 色彩是一种象征符号 11
 3. 色彩是一种装饰手法 13
 4. 色彩是一种功能提示 14
 5. 色彩是一种健康调节剂 14

第二节　色彩的产生 16
 1. 色彩与光 16
 2. 色彩成因 16
 3. 色彩分类 17

第三节　色彩三属性 18
 1. 色相 18
 2. 明度 18
 3. 纯度 18

第四节　色彩的混合 19
 1. 色光混合（加色法混合） 19
 2. 色料混合（减色法混合） 19
 3. 中性混合 19

第五节　色彩的知觉 21
 1. 视觉的适应 21
 2. 视觉的惰性 21
 3. 视觉的残像 21
 4. 视觉调节与错视 21

第六节　色彩的性格 23
 1. 红色——中国红 23
 2. 橙色——阳光橙 24
 3. 黄色——希望黄 24
 4. 绿色——健康绿 27
 5. 蓝色——理性蓝 28
 6. 紫色——尊贵紫 29
 7. 黑色、白色——经典色 31

目录

    8. 灰色、金色、银色——高级色 ... 31
    9. 色彩冷暖的心理效果 ... 32

第二章 色彩技法实训 ... 34

 第一节 训练一——名画鉴赏与色彩表现 ... 35
  1. 知识链接 ... 36
   （1）分散的光色——印象派 ... 36
   （2）释放的纯色——野兽派 ... 44
   （3）高级的灰色——莫兰迪 ... 46
   （4）呐喊的天色——表现主义 ... 46
   （5）纯粹的块色——抽象主义 ... 47
   （6）神秘的金色——克里姆特 ... 49
   （7）明朗的原色——波普艺术 ... 50
  2. 知识拓展 ... 53
   （1）色彩形式语言的转化 ... 53
   （2）装饰色彩与形式 ... 55
   （3）装饰色彩与构色 ... 57
   （4）装饰色彩与材质 ... 59
  3. 专题实训 ... 61
   课题一：色彩的观察、分析与再现 ... 61
   课题二：色彩印象切片训练 ... 62
   课题三：大师作品临摹与解构性再创 ... 63
   课题四：肌理和材质的色彩综合表现 ... 65
   课题五：色彩写生的装饰化表现 ... 68

 第二节 训练二——色彩搭配技巧 ... 70
  1. 知识链接 ... 71
   （1）色彩对比配色规律 ... 71
   （2）色彩调和配色规律 ... 77
   （3）色彩意象配色特征 ... 80
  2. 知识拓展 ... 85
   （1）色彩体系——奥斯特瓦尔德、NCS、孟塞尔、PCCS ... 85
   （2）色彩量化——色彩形象坐标分析法 ... 90
   （3）色彩健康与功效 ... 92
  3. 专题实训与作品展示 ... 94
   课题一：色彩构成基础练习 ... 94
   课题二：色彩采集——寻找生活中的色彩 ... 95
   课题三："速感情绪"色彩练习 ... 96
   课题四：色调控制能力训练 ... 99
   课题五：主题色彩配色训练 ... 100

 第三节 训练三——色彩文化 ... 102
  1. 知识链接 ... 103

　　　　　（1）中国传统色彩审美...103
　　　　　（2）外国传统色彩审美...115
　　　2. 知识拓展...118
　　　　　（1）民间色彩...118
　　　　　（2）壁画色彩...118
　　　　　（3）禅意色彩...121
　　　3. 专题实训...122
　　　　　课题一：传统艺术作品色彩采集..122
　　　　　课题二：中外艺术作品色彩重构..123
　　　　　课题三：意象主题色彩创意..125
　　　　　课题四：立体空间的色彩创意..128
　　　　　课题五：传统色彩应用配色分析..129

第三章　色彩设计应用..130

第一节　产品色彩..131
　　1. 电子产品色彩..131
　　2. 汽车色彩..132

第二节　品牌色彩..134
　　1. 蒂芙尼蓝..134
　　2. 爱马仕橙..135
　　3. 互联网品牌色彩..136

第三节　平面色彩..137
　　1. 包装色彩..137
　　2. 插画色彩..138
　　3. IP色彩..139

第四节　时尚色彩..140
　　1. 时装色彩..140
　　2. 潘通色及其年度流行色..141

第五节　空间色彩..143
　　1. 室内色彩..143
　　2. 建筑色彩..144
　　3. 景观色彩..146

第六节　数字色彩..148
　　1. 电影色彩..148
　　2. 交互色彩..149
　　3. 虚拟现实色彩..150

参考文献..152

第一章

色彩基础理论

第一节　色彩的启示
第二节　色彩的产生
第三节　色彩三属性
第四节　色彩的混合
第五节　色彩的知觉
第六节　色彩的性格

第一节 色彩的启示

色彩源于自然，鲁道夫·阿恩海姆（Rudolf Arnheim）曾经写道："那落日的余辉以及地中海碧蓝的色彩所传达的表现性，恐怕是任何确定的形状也望尘莫及的。"大自然赋予我们的世界是丰富多彩的，色彩本身具有非常奇妙的表现力，它们可以刺激人体大脑产生相应的共鸣，并向人们展示新的看法与态度。

1. 色彩是一种感觉媒介

色彩是一种感觉媒介，它的力量可以激起我们鲜明的反应。不同的颜色给人不同的心理感受，具有不同的情感倾向，或明快，或温馨，或朴素，或华美。当我们回忆起往事的某个场景，最鲜明的记忆往往是色彩，如湛蓝的天空、绚丽的彩霞（图1-1）。生命是有色彩的，生物界的色彩犹如调色盘，五彩斑斓、多姿多彩（图1-2、图1-3）。

立体化资料1—色彩的启示

据科学验证，人类在认识事物或周围环境时，80%以上的信息都是通过视觉获取的，如幼儿视觉启蒙教育中用带有彩色的图片训练宝宝，来促进双眼视觉神经发育（图1-4）。

2. 色彩是一种象征符号

色彩是一种象征符号，往往具有某种代表意义。如戏歌《说唱脸谱》中的唱词："蓝脸的窦尔敦盗御马，红脸的关公战长沙，黄脸的典韦，白脸的曹操，黑脸的张飞叫喳喳……紫色的天王托宝塔，绿色的魔鬼斗夜叉，金色的猴王，银色的妖怪，灰色的精灵笑哈

图1-1 气象色彩
太阳本身所发出的光色变化微乎其微，由于射入地球的角度、距离不同，尤其是受到地表大气、尘埃和水雾等诸多媒质的影响，阳光普照大地时会出现折射、衍射和透射现象，因而天色变亮并产生各异的色彩，这种因气象、气候因素致使天空乃至整个地面变换色彩倾向的现象称为"气象色"。

图1-2 动物色彩

第一章 色彩基础理论

图1-3 植物花卉色彩

图1-4 幼儿闪卡
在视觉发展初期，婴儿更适合看颜色对比强烈、亮度高、视觉冲击力强的图形。通过颜色对比强烈的图形给宝宝以适度的视觉刺激，从而促进宝宝脑潜力的开发。

哈……"在京剧中，不同的脸谱色彩便赋予角色不同的内涵，蓝脸代表草莽英雄，表现性格刚直、桀骜不驯；红脸含有褒义，象征忠义、耿直、有血性；黑脸代表猛智，表现性格严肃、不苟言笑等（图1-5）。

作为象征符号的色彩贯穿于世界文明的各个领域，例如，红色在英国属于皇家的颜色，皇家的骑士卫队都是穿着红色制服。红色也是英国国旗的颜色之一，更是英国人钟情的颜色，红色大巴、红色电话亭、红色

曹操　　关羽　　张飞　　马武　　典韦　　彭越　　孟达　　吕马通　　周仓

图1-5 京剧脸谱

图1-6 伦敦街景

邮筒等都是伦敦乃至英国的标志（图1-6）。白色象征着纯洁，印度泰姬陵便是以白色的汉白玉为主砌成，象征着沙杰罕国王和蒙泰姬王妃之间纯洁的爱情（图1-7）。

3. 色彩是一种装饰手法

色彩也是一种装饰手法，能用来满足人们的审美需求。远古时期人类就发现可以从矿物和植物中提取颜料和染料来描绘或装饰自己的生活（图1-8）。中国人自古以来就用"朱""赤"等文字来指深红色，用"丹"字来指浅红色，把黑、白、玄（无光泽的黑）称为色，将青、黄、赤称为彩，合称"色彩"。在西方艺术中，古希腊人喜欢用色彩斑斓的图案，罗马人则擅长用镶嵌的方式来表现强烈的色彩对比效果（图1-9）。

图1-7 印度泰姬陵

图1-8 从矿物和植物中提取颜料

图1-9 拉韦纳马赛克镶嵌画
拉韦纳是意大利北部城市。这里先后是西罗马帝国的首都、东哥特王国都城、东罗马帝国的统治中心,以保有古罗马特别是东罗马帝国时期的建筑遗迹以及精美的马赛克镶嵌画著称。这里公元6世纪时兴建的多幅皇家建筑壁画,以及加拉·普拉奇迪亚陵墓的"蓝色星空"和"善良的牧羊人",都是精美的闻名于世的马赛克镶嵌壁画。

4. 色彩是一种功能提示

色彩又具有一种功能提示,色彩自身有着特殊的、其他元素代替不了的功能,进行产品的色彩设计时应考虑诸如保护与掩护、反射度与光热控制、标准色与安全色、能见度与注目性等因素。色彩具有指示、暗示、隐蔽、保护、镇定、识别、记忆等功能。色彩的功能提示与我们生活息息相关,到处可见。如在垃圾分类标识中,蓝色代表可回收垃圾,绿色代表厨房垃圾,红色代表有害垃圾,黄色代表医疗废物垃圾,灰色代表废弃物等难以回收的垃圾。色彩在城市导向应用中也是常见的,各种颜色作为具有表征意义的代码符号或并置、或穿插地组合在一起,清晰地传达着信息。如飞机场、地铁站等都需要不同的颜色来区分功能,这种功能的提示为我们的出行带来了方便(图1-10、图1-11)。

5. 色彩是一种健康调节剂

色彩还是一种健康调节剂,随着生物科学研究的进步及发现,色彩对于人类疾病治疗的影响日趋广泛。现代心身科学研究认为,不同的颜色具有不同频率的光波和能量,能对人体相应组织器官及心理状态产生独特的影响。例如,1982年,美国加州一项研究显示:黄色有助于治疗便秘,橙色对治疗抑郁症和哮喘有效果,紫色有助于减轻上瘾症和偏头痛,青色有助于治疗关节疾病和静脉曲张等。又如,色彩疗法中的蓝光照射是治疗黄疸的非药物疗法(图1-12),甚至有科学家认为,未来的药物将是颜色、声音和光线的结合。在当今的医疗保健领域,色彩疗法和其他疗法相结合,可以获得更佳的保健和治疗效果(图1-13)。

综上所述,我们的生活离不开色彩。色彩的美,极具科学性、感觉性、视觉性。

图1-10 史基浦机场/荷兰/阿姆斯特丹

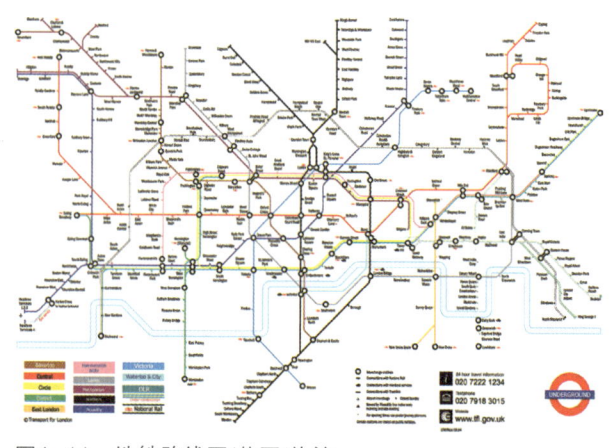

图1-11 地铁路线图/英国/伦敦

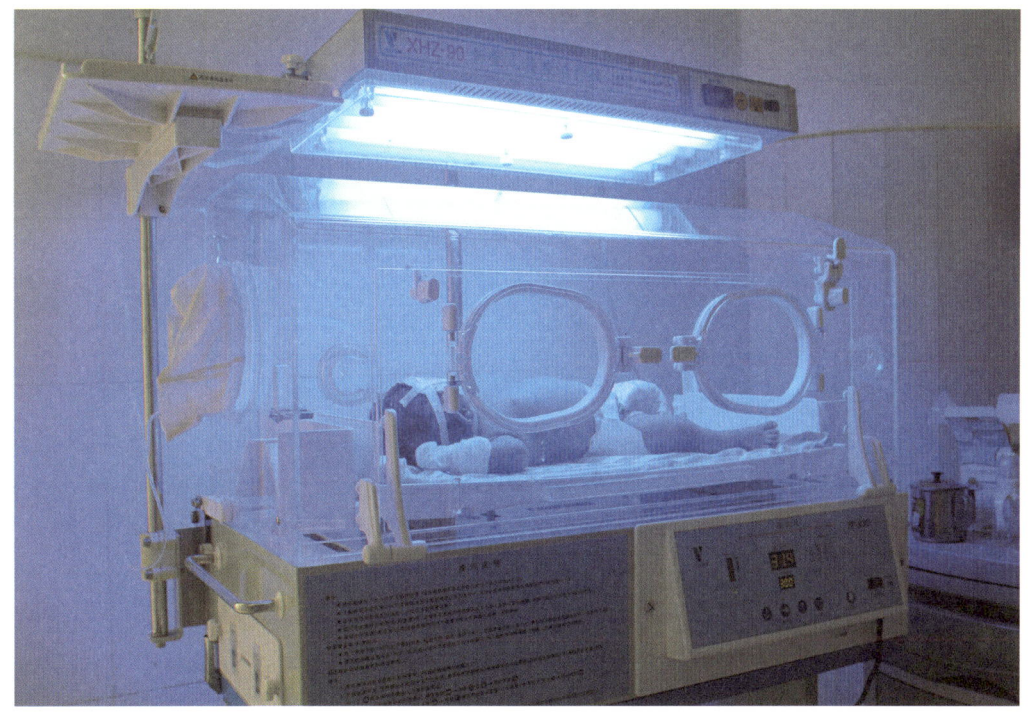

图1-12 新生儿黄疸治疗
将患重症黄疸病的婴儿暴露于蓝光下进行治疗,是典型的色彩疗法例证。

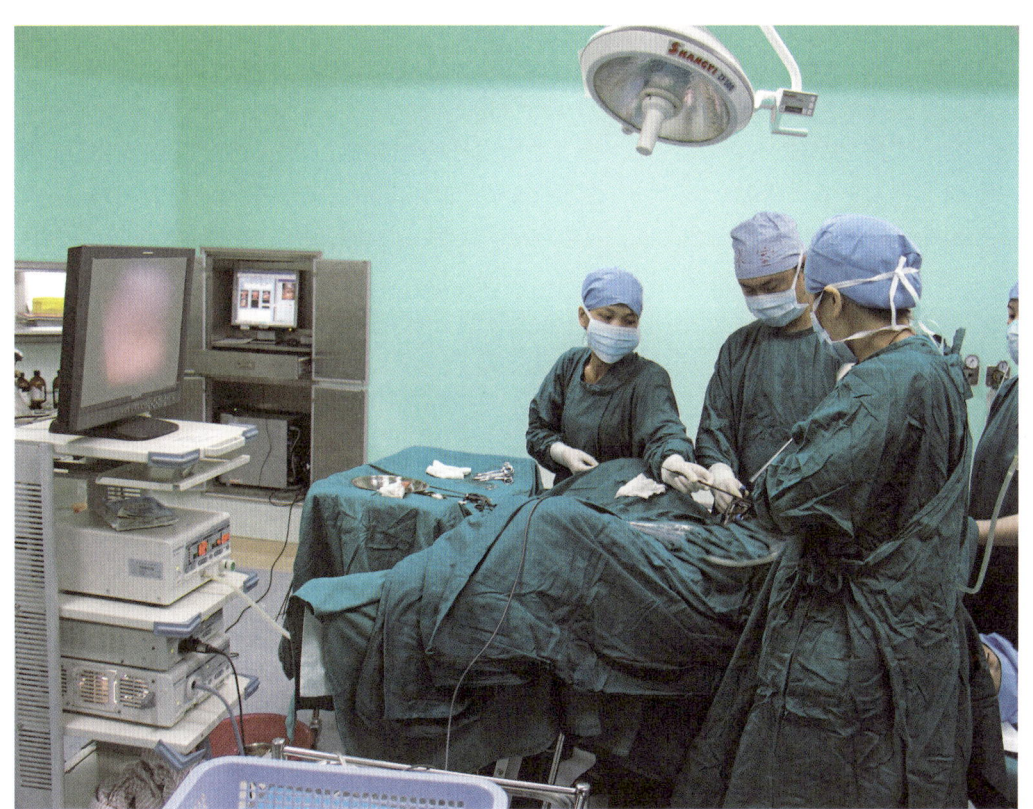

图1-13 绿色手术室和手术服
手术室为绿色系的原因:其一,绿色系能带来平和、安全的感觉,营造一个舒适的环境,绿色也给人一种生命的希望;其二,可以避免补色残像的干扰、缓解视觉压力。医生在手术过程中,眼睛看到的总是鲜红的血迹,此时,若看到衣服是白色的,就会被补色残像产生的绿色影响,从而导致精神无法集中;但是,如果医生穿着绿色的衣服,可以避免补色残像带来的视觉压力,从而辅助手术的顺利进行。

第一节 色彩的启示

第二节 色彩的产生

1. 色彩与光

在这个缤纷的物质世界里,各种物体在我们眼前都呈现不同的色彩。为什么我们会看到不同的色彩呢?

首先,色彩的产生要有光线,如果没有光线,色觉也就不复存在。1666年,英国物理学家艾萨克·牛顿(Isaac Newton)完成了著名的色散实验,为色彩学奠定了坚实的理论基础。他将一束阳光从细缝引入暗室并透过三棱镜投射到白色的屏幕上,由于折射作用,这束光线在白屏幕上呈现出由红、橙、黄、绿、蓝、靛、紫七色排列而成的艳丽色带。也就是说当白光通过棱镜时,各色光以不同角度折射,其中,紫光偏折最大,红光偏折最小(图1-14)。这种通过某种介质(如棱镜等)使白光分散成各种色光的现象就叫做色散。人们的日常生活中充满了这种色散现象,如雨后天晴时的彩虹、肥皂泡上的彩色和油脂浮在水面上呈现的彩色等,都是由太阳的白光分解出来的(图1-15)。同时牛顿还发现,将光谱中的各种单色光通过三棱镜聚合在一起,又会变成白色光。

立体化资料2—
色彩的产生

其次,色彩的产生还需要我们具备健全的视觉系统。射入眼睛的光线通过角膜折射,再经瞳孔进入眼室内,只有当进入眼睛中的光和颜色信号都到达大脑的视觉皮层时,我们才能看到色彩。1864年,英国物理学家詹姆斯·克拉克·麦克斯韦(James Clerk Maxwell)提出"光是电磁波"的主张。在各种波长的电磁波中,人的眼睛在380~780nm(纳米)这一范围可以感觉到颜色,这一波长范围称作可视光。短波(靠近380nm)为紫色光,中波(500nm左右)为绿色光,长波(780nm)为红色光。比紫色波长短的领域为紫外线,比红色波长长的领域为红外线,当然超出这一范围的色光,我们的眼睛无法感觉到(图1-14)。

因此,色彩的产生必须具备两个条件:一是要有光线,色彩是在光的作用下产生的一种视觉效应;二是人必须有健全的视觉系统来感知物象的色彩,色彩是人的视觉系统感知的结果(图1-16)。

2. 色彩成因

(1)光源色

光源色是由各种光源发出的光。由于光波的长短、强弱、比例性质的不同,形成了不同的色光。人们平时接触到的有自然光(太阳光、月光、萤火虫光)和人造光(灯光、烛光)两种。光源色随着时间、环境的变化,会产生多样的色光。

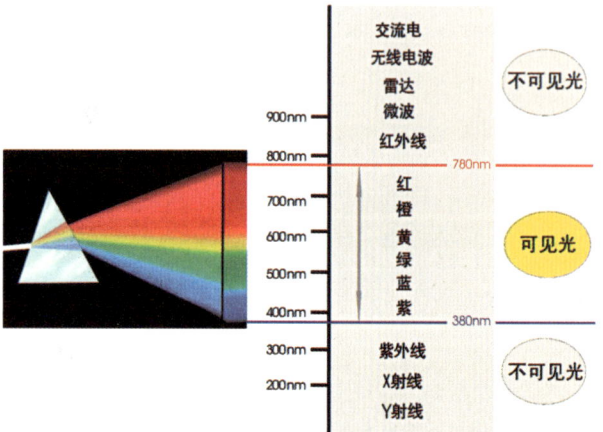

图1-14 光的分解及可见光线

图1-15 彩虹泡泡

图1-16 色彩产生过程图解

图1-17 色系的组织

第二节 色彩的产生

（2）物体色

物体本身不发光，物体色是光源色经物体的吸收、反射，反映到视觉中的光色感觉。如平时看到的颜料的色彩、动植物的色彩、服装建筑的色彩、彩色有机玻璃的色彩等宇宙万物的色彩。物体色具有两种最基本的表现形式：物体表面反射光所呈现的颜色叫表面色；透过透明物体的光所呈现的颜色叫透明色。物体色具有可变性，主要是由不同光源照射形成的。

（3）固有色

固有色通常是指物体在正常的白色日光下所呈现的色彩特征，物体给人以固有的色彩印象。如我们在阳光、荧光灯、白炽灯、烛光等全色光线下看到的红花绿叶，虽然红花变成了不同的红，绿叶变成了不同的绿，但我们看到的花还是红的，叶还是绿的。所以红花绿叶给我们以固有的印象。固有色概念的产生方便了人们对于事物色彩特征的把握和沟通。

（4）环境色

环境色即物体周围环境的颜色。物体的色彩总是在一种光源的照射下显示出其特征，同时还受到周围环境色彩的影响。

（5）三原色

19世纪初期，英国物理学家托马斯·杨（Thomas Young）指出红（朱红）、绿（翠绿）、蓝（蓝紫）是颜色的基本色光，也称为原色光，即三原色。用三原色可以混合出光谱上的各种色光。现在大多以红、绿、蓝作为光学基色进行屏幕色彩显示，用红、黄、蓝色料作为印刷物基色。

（6）次生色

通过混合任意两种邻近的基色获得第三种颜色，这些颜色即次生色，也叫二次色、间色。光学混合中的次生色就是色料混合中的基色，反之亦然。这就是加色模式和减色模式之间的相互关系。

（7）三次色

三原色按不同比例混合可得多种复色，由原色和二次色混合而成的颜色即三次色、复色（图1-17）。三次色对于加色法和减色法都是相同的。

3. 色彩分类

以三属性为基础，色彩可分为无彩色和有彩色两大类。白色和黑色以及它们之间的全部灰色段都称为无彩色。无彩色是用明度的差异来区分的，白色是最亮的，黑色是最暗的。无彩色没有色相的种类，只有明度的变化。有彩色指的是无彩色以外所有的颜色，包括红色、橙色、黄色、蓝色和紫色等不同色相的色彩。有彩色有明度的变化和纯度的差异。在实际运用过程中，还有一类不属于上述两类的色彩种类——特别色。特别色在使用时的视觉效果与上述两类不同，具有特殊性，如金色、银色和荧光色等。

第三节 色彩三属性

立体化资料3—
色彩三属性

在自然界，我们能见到的颜色多种多样，为了细分它们的差别，色彩学家用了属性类名词来概括色彩，即"色相"（Hue）、"明度"（Value）及"纯度"（Chroma）（图1-18）。

1. 色相

色相是指色光由于波长、频率的不同而形成的特定色彩性质。在可见光谱上，人的视觉能感受到红、橙、黄、绿、蓝、紫这些不同特征的色彩，人们给这些可以相互区别的色彩指定名称，当我们提到其中某一色彩的名称时，就会有一个特定的色彩印象，如大红、柠檬黄、湖蓝、翠绿、紫罗兰等，每个名称都代表一种颜色的色相。正是由于色彩具有这种具体相貌的特征，我们才能感受到一个五彩缤纷的世界。

2. 明度

明度是指物体反射出来的光波数量的多少，即光波的强度，它决定了颜色的深浅程度。明度有两层含义：其一是同一色相的受光强弱不一，呈现不同的深浅明暗层次。如红色苹果受光后，便有浅红、深红的明暗变化而形成立体感；素描中明暗层次有五大调，即高光、中间调、明暗交界线、反光、投影；国画中墨分五色，即浅墨、淡墨、墨、浓墨、焦墨等。这些都归纳了色彩的明暗层次。其二是色相本身的明暗程度。不同的颜色明度是有区别的，如柠檬黄明度最高，紫罗兰明度最低，这也是由光波长短决定的。

3. 纯度

纯度是色彩的纯净程度，也可以说是色彩的鲜灰程度，因此也称为饱和度、艳度、彩度。在物体色（颜料）的相减混合中，在一种颜色中加入黑、白、灰或其补色，纯度就会下降，加得越多，纯度下降得也就越多。

要理解和运用色彩，必须掌握进行色彩归纳整理的原则和方法，而其中最主要的就是掌握色彩的属性。

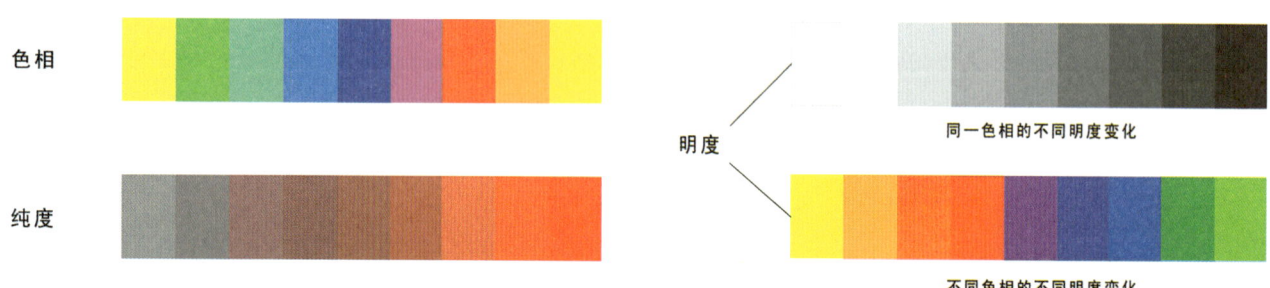

图1-18 色彩三属性色条

第四节 色彩的混合

1. 色光混合（加色法混合）

将不同色相的光源，同时投照在一起，从而形成新的色光，即色光的混合。经混合后的色光明度高于混合前的原有色光。色光混合次数越多，明度越高，这就是色光混合的基本原理，也称加光混合。舞台灯光、彩色照片、彩色电视机显色，均是运用色光混合原理处理色彩的。

2. 色料混合（减色法混合）

颜料、涂料、染料等色料的显色是对色光做部分选择吸收的结果。色料间的混合现象是降低纯度与明度的减光现象，它与色光的混合效果相反，不是反光强度的增加，而是吸光能力的集合。色料间混合的次数越多，吸光能力越强，色相的纯度和明度越低。换句话说，色料相调的种类、次数越多，越容易出现脏、灰的结果。因此，色料的混合也称减光混合。

三原色互相混合成为浊黑色。在色相环上原色与其相对应的间色互为补色，相互混合也呈浊黑色，这与色光混合的原理完全相反（图1-19）。

3. 中性混合

视觉空间混合——外物与人的眼睛之间，有着一段空间距离，这段距离若是太长，超出眼睛正常聚焦能力的极限，人就不可能对物体有正确的色彩感受（图1-20至图1-24）。

立体化资料4—
色彩的混合

色光的混合　　　　色料的混合

图1-19　色彩混合

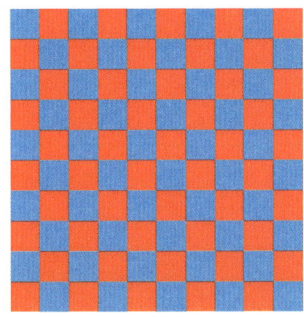

图1-20　视觉空间混合

近看是红色块和蓝色块，远看时重叠部分便合成了一块紫色；近看是蓝色块与黄色条，远看时则成了绿色。这种现象是由于视觉空间距离，眼睛对物体（或色块）对焦模糊，色彩间产生互相混合、同化作用。

图1-21　春天塞纳河上的大碗岛/修拉/1888年

19世纪末20世纪初的法国画家就是在色彩科学理论的启发下，通过对大自然光的奇妙变化的观察，把自然物象分析成细碎的色彩斑块，用画笔点画在画布上。这些斑斑点点，通过视觉作用达到自然结合，形成各种物象。点画出来的笔触在画面上好像罩上一层模糊不清的影子。这一方法的创始人是乔治·修拉（Georges Seurat，1859—1891年）和保罗·西涅克（Paul Signac，1863—1935年），人们把这一派别称为"新印象派"或"点彩派"，他们利用补色展开色彩对比，因此画面色彩很丰富。

图1-22 圣特罗佩的红色浮标/西涅克/1895年

图1-23 空间混合1/学生习作

图1-24 空间混合2/学生习作

第五节　色彩的知觉

色彩的知觉是大脑对客观对象色彩的反映。色彩知觉有多种现象：色彩的适应性、色彩的恒常性、色彩的错觉、色彩的冷暖感、色彩的进退感和胀缩感、色彩的远近感等。从视觉的角度分析色彩的知觉、主要有以下几方面。

1. 视觉的适应

从暗到明的这个视觉适应过程叫明适应。从明到暗的适应过程叫暗适应。从普通灯光到有色灯光的适应过程叫色适应。

2. 视觉的惰性

视觉的惰性即色感觉恒常，是指人眼在不同环境下，包括照明条件（满足基本照明要求的）、角度、距离的变化，都能够在瞬间判断物体色彩的色相。这种恒常包括大小恒常、明度恒常、色的恒常等。如我们对一张白纸投照以红色光，对一张红纸投照以白光（全色光），二者相比较，虽然两张纸都成了红色，但是眼睛仍然能区分出前者是在红光下的白纸，后者为白光下的红纸。因此，人眼在观察物体时，通常可以在心理和视觉神经系统的作用下，排除不同光源的色温对于物体颜色外貌感知的干扰（图1-25）。

立体化资料5—色彩的知觉

3. 视觉的残像

当我们注视红色的物体，突然把红色的物体拿开，在刚开始很短时间内还能感觉到有红色痕迹，随即便会出现一个淡蓝绿色的残像。我们把这种情况中一开始感觉到的与原来物体一致的残像叫做阳性残像，把后出现的淡绿色的残像叫做阴性残像。阴性残像与原色彩的关系即为生理补色。

4. 视觉调节与错视

眼睛的晶状体，对不同波长的色彩，有自动调节作用：短波长的冷色系色彩，在视网膜晶状体调节冷色焦点时，晶状体变薄，视觉上人的视点比实际距离要远，并呈收敛特征与迟钝感；长波长的暖色系色彩，在视网膜晶状体调节暖色焦点时，晶状体变厚，视觉上人的视点比实际距离要近，暖色显得有前进性、扩散性、注目性。在这个基本原理中，由于视觉错视原因，明亮的色彩会有迫近感、膨胀感，暗色系的色彩会有远离感与缩小感（图1-26）。

a

b

图1-25　草莓的颜色恒常实验
图a：草莓照片虽然被加上了较深的蓝色滤镜，但仍然看得出是草莓。
图b：加了蓝色滤镜后的一个草莓原封不动地保留到原图里可见其与周边的草莓呈现出相当大的色貌差别。
通过两张图的对比我们可以更深刻的认识到：其一，人眼视觉系统对于光源颜色的适应性很强；其二，人类对于外界的视觉感知，并非是一个纯粹的物理过程，它还包含了一系列心理感知因素，如我们对于草莓的记忆等。当我们的眼睛适应了这种蓝色滤镜之后，感知到的草莓外表皮颜色似乎还是红色。

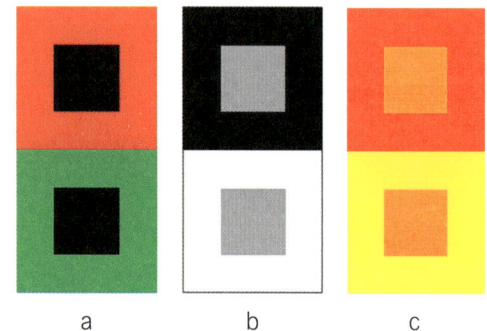

图1-26 视错觉对比实验

图a：把面积相同的两小方块黑色分别放在红色纸和绿色纸中央时，结果——我们可感觉到红纸上的黑色块偏绿，而绿纸上的黑色块偏红，这叫做补色同时对比。

图b：把明度和面积相同的两灰色小方块分别放在白纸和黑纸中央，结果——我们可感觉到白纸上的灰色块较暗，而黑纸上的灰色块较亮，这叫做明度同时对比。

图c：把面积相同的两同样橙色的小方块分别放在红色纸和黄色纸上时，结果——我们可感觉到红纸上的橙色块偏黄，而黄纸上的橙色块偏红，这叫做色相的同时对比。

常见的色彩错觉：

- 运动错觉（Motion Illusion）：对比色产生运动错觉（图1-27）。

- 芒克-怀特错觉（Munker - White's Illusion）：怀特错觉是竖条纹的效果，芒克是横条纹的效果，这种错觉向我们证明了感知系统会基于物体周围环境进行一些有根据的"推测"，即环境影响颜色感知（图1-28a）。根据这一原理，美国得克萨斯大学埃尔帕索分校的大卫·诺维克（David G. Novick）教授制作出了色错觉效果图，图像中每一个圆圈的颜色都是相同的，不同的是圆圈周围的点、线条、背景等的颜色（图1-28b、图1-28c）。

- 艾宾浩斯错觉（Ebbinghaus Illusion）：两个完全相同大小的圆，一个被更大的圆包围，另一个被较小的圆围绕，前者看起来更小（图1-29）。

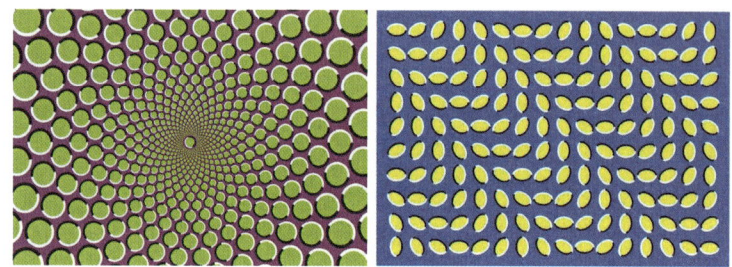

图1-27 运动错觉
点的阴影和排列顺序触发了大脑的运动区域，让一个本来静态的图片，刺激产生了运动的知觉。

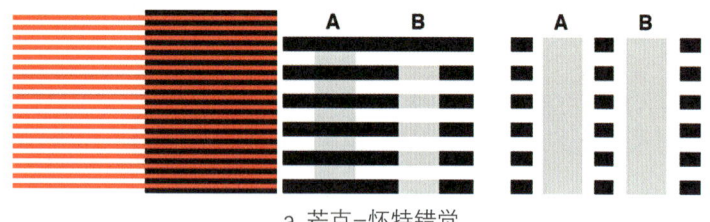

a 芒克-怀特错觉

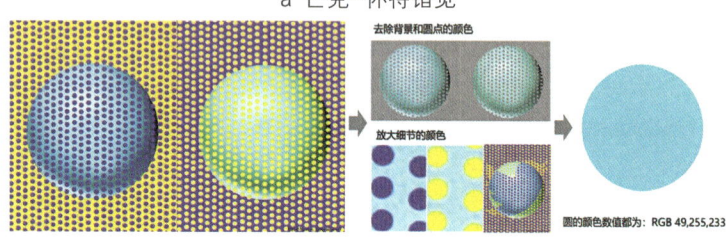

b 圆球色错觉/大卫·诺维克

图中左边的蓝球和右边的绿球颜色是一样的吗？当去除背景和圆点的颜色，我们用吸色器采样可以看到圆球的颜色RGB数值都为：49, 255, 233。答案：两个圆球的颜色一样。

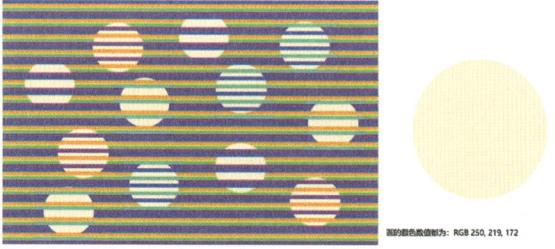

c 五彩纸屑色错觉（Confetti）/大卫·诺维克

图中暗藏在条纹背景里的圆形颜色是一样的吗？当去除所有条纹，我们用吸色器采样可以看到圆形的颜色RGB数值都为：250, 219, 172。答案：所有圆形的颜色一样。

图1-28 芒克-怀特错觉原理

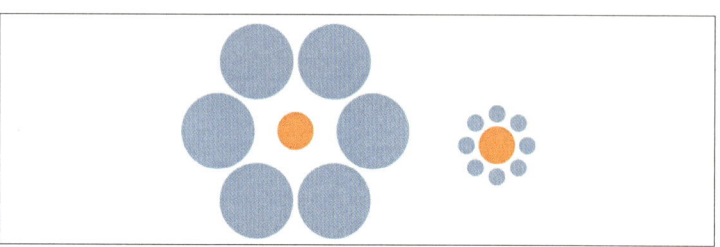

图1-29 艾宾浩斯错觉
图中两个橙色分别置入不同空间中，这两个橙色圆形大小有区别吗？答案：两个橙色圆形的大小一样。

第六节　色彩的性格

色彩就是力量，就是对我们起正面或反面影响的辐射能量，无论我们对它觉察与否。艺术家利用空间的、平面的各种色彩关系创造着高雅而神秘的艺术气氛，它能把色彩观察者的感受转化到一个精神境界中去。色彩效果不仅应该在视觉上，而且应该在心理上有所体会和理解。

——约翰·伊顿

立体化资料6—
色彩的性格

色彩会引起我们对不同事物产生不同的心理反应。如：冷暖感、进退感、胀缩感、轻重感、香臭感、软硬感、远近感、薄厚感、华丽与朴素、积极和消极等。人们的色彩感觉是富于联想的，这与人们的文化修养与生活经验密切相关，往往一个色调就可激发起观者的丰富联想，使色彩传情达意的功能得以实现。同时，色彩的意境、情调也需要通过受众的联想来完成。

1. 红色——中国红

在可见光谱中，由于红、橙、黄、绿、蓝、紫各色相的波长有长短之分，故呈现出不同的明暗关系。红色光位于可见光谱边缘，相邻的就是红外线，其明视度比黄色光低，是一种纯度高、刺激性很强的色彩。在自然界中，芬芳的鲜花、成熟的果实等都呈现红色，容易引起注意（图1-30）。此外，生活中悬挂的红色灯笼、张贴的红色春联，代表着兴奋和吉祥（图1-31）。

■ 中国红

红色，既热烈又闪烁，既旺盛又活跃，是充满活力且积极向上的颜色。在中国文化里留有烙印的诸多颜色中唯有红色被冠以"中国"成为"中国红"。如故宫中满载万千气象的丹宸、绛雪、朱漆、绯缎、朱红等传统色，丹宸永固，赤心未改（图1-32）。

红色可使人联想到：太阳、火光、彩霞、热血、红旗、红花、警示等。

红色的积极含义：热情、激奋、喜悦、高涨、热烈、革命、欢庆、勇猛、力量、爱情等。

红色的消极含义：危险、疼痛、紧张、屠杀、残酷、事故、战争、爆炸、亏空等。

图1-30　红色植物与食物

图1-31 红色灯笼

图1-32 故宫中的"红"/故宫博物院官方微博

2. 橙色——阳光橙

在可见光谱中，橙色光位于红与黄之间，色彩调性也居于两者之间，注目性高，既温暖又光明，是艳丽、刺激性较强的色相。橙色在空气中的穿透力极强，因而被作为讯号色，表示警戒。如登山服、救生衣、交警指挥服、环卫工作服及一些工地施工服均大量使用橙色或荧光橘红色（图1-33）。橙色也会因其鲜丽度强而容易造成视觉的疲劳，设计用色时，要注意其面积量的选择。

■ 阳光橙

橙色能使我们联想到金色的秋天、丰硕的果实，也是能引起我们食欲的颜色，因此它又是一种富足的、快乐而幸福的色彩（图1-34）。

橙色可使人联想到：秋天、果实、灯光、烛光、夕阳等。

橙色的积极含义：活力、娱乐、繁荣、朝气、平衡、温暖、智慧、华丽等。

橙色的消极含义：暴躁、不安、欺诈、嫉妒等。

3. 黄色——希望黄

黄色的波长位于可见光谱的中间位置，在所有色相

图1-33 救生衣、救生圈及工地施工服

图1-34　橙色事物联想

中，黄色是明视度最高，最富有光亮感、前进感、扩张性的色彩。当我们面对一大片黄色的油菜花时会感到豁然开朗，心旷神怡（图1-35）。在不少东方人看来，黄色是大吉颜色，黄色在印度教、道教、佛教及儒家思想中地位非常高（图1-36、图1-37）。

图1-35　风景油菜花

图1-36　明黄缎刺绣四合如意菊花纹垫面/清/北京艺术博物馆

图1-37　黄绸地满绣云金龙纹方补/明中期/北京艺术博物馆

第六节　色彩的性格

■ 希望黄

黄色调总是让人感到光明与充满希望，向日葵的黄象征积极向上的态度和朝气蓬勃的精神，稻谷丰收场景的黄带来富足与希望（图1-38）。后期印象派画家梵高酷爱用黄调子表现作品，就是因为热情明亮的黄色调与他充满狂热、自我表现欲望强烈的个性相吻合（图1-39）。

黄色可使人联想到：阳光、秋菊、麦田、沙滩、柠檬、香蕉、沙漠等。

黄色的积极含义：光明、兴奋、明朗、活泼、丰收、愉悦、轻快、财富、权力等。

黄色的消极含义：病痛、胆怯、骄傲、怀疑等。

图1-38　向日葵、稻谷

图1-39　作品《向日葵》（左）《自画像》（右）/梵高

4. 绿色——健康绿

在可见光谱中，绿色光居于黄、蓝光中间，给人以和睦、宁静、安全、希望、健康之感。人眼对绿色光的分辨能力较强，但反应最平静（图1-40）。当绿色含黄色较多时，称黄绿、嫩绿，给人带来清纯细嫩、欣欣向荣、生命力旺盛的感觉；含蓝色成分较多时，称为蓝绿色，好似松柏的青翠，调入少许淡灰颜色，便有稳静、亲和的效果（图1-41）。

■ 健康绿

绿色有无公害、健康、重获新生的意思，如绿色的蔬菜、草地、森林以及能源、肥料等，因此绿色是常见的一种环保色（图1-42）。祖母绿是绿色的一种，神秘而又迷人，祖母绿宝石是绿宝石中的顶级品种（图1-43）。

第六节　色彩的性格

图1-40　绿色事物的联想

图1-41　黄绿色与蓝绿色叶子

图1-42　肥料能量平面广告

图1-43　祖母绿宝石

绿色可使人联想到：草坪、树冠、森林、嫩芽、夏天等。

绿色的积极含义：自然、和平、生命、青春、畅通、安全、宁静、平稳、希望等。

绿色的消极含义：酸涩、失控等。

5. 蓝色——理性蓝

蓝色光在可见光谱的紫色光附近，也是一种明视度较低的色相。蓝色有着开阔深远的境界（图1-44）。纯净的蓝色表现出文静、理智、安详的态度；暗蓝色有简朴、清高的调性。以法国艺术家伊夫·克莱因（Yves Klein）命名的"克莱因蓝"被誉为一种理想之蓝、绝对之蓝，是非常单纯的色彩。应用这种颜色的设计产品也能唤起心灵的感应，如克莱因蓝的壁挂式蓝牙音箱BOM，灵感来自彩色气球（图1-45、图1-46）。

■ 理性蓝

蓝色具有现代科学、高科技的理性象征意义，如edrop智能用水监测器的产品及界面设计，便是用了蓝色作为设计基调（图1-47）。2020年的潘通年度流行色被命名为"经典蓝"（Classic Blue）（图1-48），这款蓝色色彩沉稳耐看，隽永优雅。按照潘通官方的说法："经典蓝"仿佛暮色四合时的天空，宁神静心，让人不由驻足。

图1-44 蓝色海水与天空

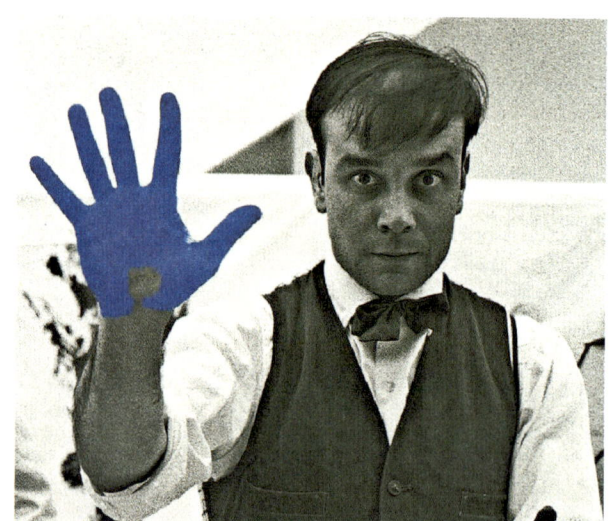

R:0 G:47 B:167

图1-45 伊夫·克莱因和克莱因蓝
1957年，法国艺术家伊夫·克莱因在米兰画展上展出了八幅同样大小、涂满近似群青色颜料的画板，由此"克莱因蓝"正式亮相于世人眼前，并被命名为"国际克莱因蓝"。"克莱因蓝"的RGB比值是0∶47∶167，蓝色本身象征着天空和海洋，象征着没有界限，又因"克莱因蓝"太过纯净，以至于很难找到可与之搭配的色彩，因此，它的冲击力格外强烈。

图1-46 壁挂式蓝牙音箱BOM

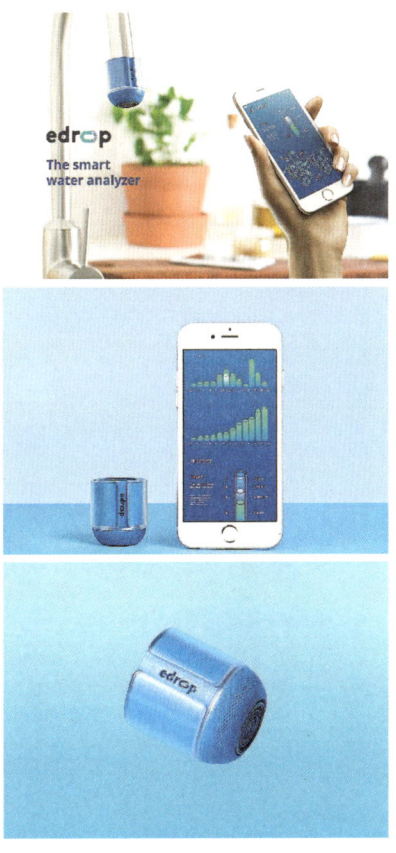

图1-47 edrop智能用水监测器

蓝色可使人联想到：海洋、天空、山影、冰川、湖泊等。

蓝色的积极含义：稳固、可靠、信任、平静、宽广、辽阔、包容、浩瀚等。

蓝色的消极含义：寒凉、伤感、孤漠、冷酷等。

6. 紫色——尊贵紫

在可见光谱中，紫色光位于边缘处，相邻的就是肉眼看不到的紫外线。紫色与黄色相反，是明视度最低的色彩，注目性较弱，属中性色之一。自然界中有紫色的薰衣草、郁金香、紫藤等植物（图1-49）。在现代，紫色具有强烈的女性化性格，所以较多地被使用于女性的化妆品包装、广告上（图1-50）。另外紫色也带有幻想、浪漫的感觉，在某些科幻展览上，或是类似于迪斯尼乐园的某些特殊场所，时常会借助紫色特有的感染力，营造梦幻、遐想、幽静的气氛（图1-51）。

■ 尊贵紫

紫色不论是在东方还是在西方，都是尊贵的象征。由伦敦设计师Lucile于1912年为Heather Firbank设计的一款高贵的紫色丝绸晚礼服，搭配紫色雪纺和绸缎，简约华美（图1-52）。在中国的封建社会中，五

图1-48 2020年潘通年度流行色——经典蓝

第六节 色彩的性格

图1-49　紫色植物

图1-50　雅诗兰黛化妆品平面广告

图1-51　迪斯尼乐园

品以上的高官才能穿紫袍，高僧才能穿紫色的袈裟，贵夫人才能着紫色服装，故紫色能给人带来尊贵、高雅的心理效应。史载，齐桓公非常喜欢穿紫色的衣服，当时一匹紫绸的价格要高于五匹素绸，可见紫色的价值（图1-53）。

紫色可使人联想到：紫藤、葡萄、丁香花等。

紫色的积极含义：神秘、高贵、浪漫、梦幻等。

a　高雅的紫色服饰　　　b　紫色丝绸晚礼服

图1-52　紫色服饰

图1-53　齐桓公紫袍

紫色的消极含义：悲哀、忧郁、痛苦、伤痛等。

7. 黑色、白色——经典色

黑白色属于无彩色系。黑色是大地的颜色，是肥沃和新生的象征；黑色是夜晚的颜色，有着黑夜的冷峻、伤感；黑色也是挑战和反叛的色彩；黑色还是高品质的象征，更是艺术家、设计师的宠儿，是时尚界永恒的流行色，优雅的代名词。个性服饰、电子产品设色、高档轿车的用色中，黑色都是首选（图1-54）。

白色是由全部可见光混合而成，象征纯净、光明。我们很容易将白色和美好、纯洁、神圣的事物联系在一起，如白色的婚纱（图1-55）、白莲、医生所穿的工作服等。很多著名的设计师都喜爱用白色，如"白色派"教父——理查德·迈耶（Richard Meier），他的建筑设计干净、纯粹、简洁，白色的幕墙、带状窗户、点支撑和几何形状是迈耶设计的典型特征（图1-56）。

黑色可使人联想到：夜幕、山洞、煤炭、晚礼服等。

黑色的积极含义：庄严、沉重、神秘、坚毅、果敢等。

黑色的消极含义：悲哀、肮脏、恐怖、沉重、吞噬、绝望等。

白色可使人联想到：冰天雪地、白云、瀑布、婚纱等。

白色的积极含义：纯洁、明净、淡泊、空灵、飘逸、轻盈、神圣等。

白色的消极含义：冷峻、单薄、孤单、消失等。

8. 灰色、金色、银色——高级色

灰色、金色、银色都属于无彩色系。从生理上看，灰色对眼睛的刺激适中，既不炫目，也不暗淡，最不容易使

图1-54　黑色系设计

图1-55　洁白的婚纱

图1-56　迈耶之家/理查德·迈耶（Richard Meier）

视觉器官感到疲劳。金色、银色都是金属的颜色,也被称作材质色。在自然界中有灰色的天空、金色的太阳、金色的麦田。建筑环境、服装、汽车等设计中常出现灰色、金色、银色的应用(图1-57)。

灰色可使人联想到:乌云、阴霾、岩石、烟雾、公路、建筑等。

灰色的积极含义:柔和、高雅、沉着、平衡、连贯、含蓄且耐人寻味等。

灰色的消极含义:凄凉、空虚、忧郁、乏味、沉闷等。

金色可联想到:黄金、首饰、宫殿、秋天、阳光等。

金色的积极含义:辉煌、高贵、富丽、繁荣、闪耀等。

银色可使人联想到:银器、配饰、头盔、月光、太空、飞机等。

银色的积极含义:雅致、沉静、柔和、静穆、明快、浩渺等。

金色、银色的消极含义:贪婪、俗气、冷漠等。

9. 色彩冷暖的心理效果

冷暖感觉本是触觉对外界的反应,当太阳晒到皮肤上或橙红色的火光映照时,我们会感到温暖;当站在白色的

图1-57 灰色、金色、银色事物联想

雪地上会感到寒冷。因此在经验及条件反射的作用下，视觉变为触觉的先导，当看到橙、红、黄时就感到温暖，看到蓝、蓝绿、蓝紫时就感到冷。这是从生理、心理、条件反射的角度谈色彩的冷暖。

以12色相环来划分，可将冷暖色分成7个区域：暖极、暖色、中性暖色、冷极、冷色、中性冷色、中性色（图1-58）。

暖色包括红紫、红、红橙、橙、黄橙等，给人带来生动活泼、积极有力、前进膨胀的视觉感受。冷色包括绿、蓝绿、蓝、蓝紫等，给人带来平静镇定、舒缓淡泊、后退收缩的视觉感受。中性色包括黄绿、紫等。

所谓色彩，其实是一个"色"与"彩"的集合概念。"色"是指一种知觉信息，相对单纯明了，能唤起人们对某种具体事物的联想，它表示不同的色彩样貌，常用红、黄、蓝、绿等形象化的描述；"彩"是指一种情绪信息，相对复杂含混，却富有情绪感染力，它集合多种颜色的"彩"的样态，如暖调子、冷调子、暗调子之类的术语或形容词，来表述对它的综合印象（图1-59、图1-60）。

从人的感觉与色彩来看，甜味易使人联想到明亮的粉色，辣味易使人联想到火红色；喜悦的感受一般与暖色系相关，悲伤则与冷色系相联系。不同的质感肌理也会使人产生不同的心理反应。如由于纺织物的性质，即使很深很冷的色彩也不会影响人们对其柔软性的感觉；陶瓷即使施粉色釉，其质感给人的感觉也是坚硬的；而玻璃和透明塑料这类材质给人的就是通透、易碎的感觉（图1-61）。

第六节 色彩的性格

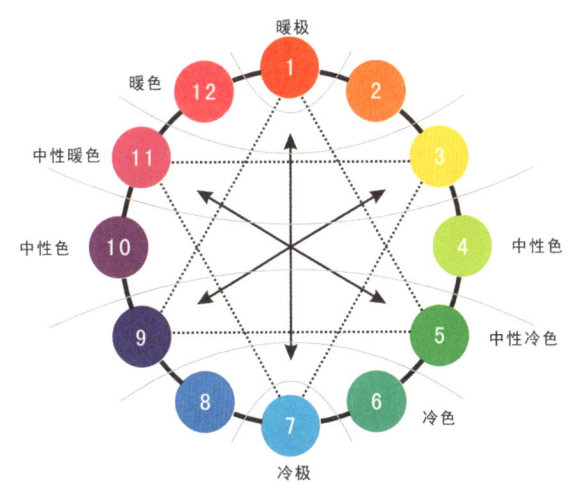

图1-58　冷暖色环

图1-59　冷暖色调

图1-60　冷暖色变化练习/魏林萍

图1-61　色彩元素/《国家地理》杂志

第二章

色彩技法实训

第一节　训练一——名画鉴赏与色彩表现
第二节　训练二——色彩搭配技巧
第三节　训练三——色彩文化

第一节 训练一——名画鉴赏与色彩表现

1. 知识链接

（1）分散的光色——印象派
（2）释放的纯色——野兽派
（3）高级的灰色——莫兰迪
（4）呐喊的天色——表现主义
（5）纯粹的块色——抽象主义
（6）神秘的金色——克里姆特
（7）明朗的原色——波普艺术

2. 知识拓展

（1）色彩形式语言的转化
（2）装饰色彩与形式
（3）装饰色彩与构色
（4）装饰色彩与材质

3. 专题实训

课题一：色彩的观察、分析与再现
课题二：色彩印象切片训练
课题三：大师作品临摹与解构性再创
课题四：肌理和材质的色彩综合表现
课题五：色彩写生的装饰化表现

艺术领域有相当多的绘画大师在表现性绘画方面勇于探索和创造，形成了各种各样的艺术流派。作为初学者，非常有必要了解这些流派，并通过临摹和借鉴来感受大师们的创作过程，从中学习大师们的色彩选用和搭配技巧，进而打下更全面的色彩运用基础。

1. 知识链接

（1）分散的光色——印象派

①印象派

印象派兴起于19世纪60年代，兴盛于70、80年代。印象派反对守旧的古典主义和虚构臆造的浪漫主义，以表现光与色的变换和环境色为新的创作模式。印象派的艺术家们都把"光"和"色彩"作为绘画追求的主要目的，以迅速的手法把握瞬间的印象，使画面呈现出新鲜、生动的感觉。代表人物有莫奈、毕沙罗、雷诺阿、德加、西斯莱、马奈等。

• 莫奈与其代表作

奥斯卡·克劳德·莫奈（Oscar-Claude Monet，1840—1926年），印象派代表人物和创始人之一，法国最重要的画家之一。莫奈擅长光影表现技法。他最重要的创举是改变了阴影和轮廓线的画法，在其画作中看不到非常明确的阴影，也看不到突兀或平涂式的轮廓线。他的《日出·印象》在当时欧洲画坛引起强烈反响，标志着印象派绘画的产生（图2.1-1至图2.1-3）。

莫奈

图2.1-1　日出·印象/莫奈/1873年

《日出·印象》描绘的是初春薄雾中的法国勒阿弗尔港口日出的景象，以红、黄、蓝等华丽的色彩表现日出的气氛，旭日初升、雾气迷蒙，海面波光粼粼。这幅油画是莫奈最具世界声誉的作品，印象派也因此画作得名。

图2.1-2　卢昂大教堂/莫奈/1894年

《卢昂大教堂》依据不同时刻的阳光在教堂粗糙壁面上的投射效果，通过精微观察写生而成。莫奈同时张起数块画布，每当光线偏移，就立即在另一幅相应的画面上作画。将卢昂大教堂早晨、正午和黄昏时刻瞬息即逝的色彩冷暖变化表现得淋漓尽致。

图2.1-3 睡莲（系列）/莫奈/1895—1926年
《睡莲》系列作品是莫奈艺术成就的最高体现，也是他一生致力于追逐光和色彩瞬间印象的绘画形式的完美总结。看似随意的彩色线条笔触柔美，似乎让水流动起来，又像是捕捉住了一瞬间水面上似真似幻的光和影。

• 马奈与其代表作

爱德华·马奈（Édouard Manet，1832—1883年），19世纪印象主义的奠基人之一，出生于法国巴黎。他具有革新的艺术创作态度，深深影响了莫奈、塞尚和梵高。他用补色来代替物体阴影的黑色和褐色，使投影被明显弱化，用色明亮，笔触随意，造型放松，画面的整体感觉完整、协调，表现出了印象派绘画的特点（图2.1-4至图2.1-7）。

马奈

图2.1-4 吹笛少年/马奈/1866年
《吹笛少年》描绘的是军队乐队里的一位少年吹笛手，色彩明度属于中长调。画面由红、黑、白、金等色彩组合而成，追求一种稳定的、几乎没有变化的亮面，然后突然转入暗部，将人物置于浅灰色、近乎平涂的明亮背景中进行描绘，色彩层次明确，用较概括的色块将形体显示出来。

图2.1-5 女神游乐厅的吧台/马奈/1881—1882年
《女神游乐厅的吧台》描绘了一位金发女招待站在吧台后面，身穿饰有宽大花边的紧身上衣，正在应酬顾客的场景。为了加强空间的对比关系，画家特意利用了大块的镜子作为背景，以琳琅满目的酒瓶、玻璃杯等作为前景，使画面变化丰富而生动，好似观者自己正站在吧台前。

图2.1-6 瓶中的百叶蔷薇/马奈/1882年

图2.1-7 春天/马奈/1882年

- 德加与其代表作

埃德加·德加（Edgar Degas，1834—1917年），法国印象派人物画家，现实主义巨匠。他的画作有着印象派的特点，也兼具古典主义、现实主义、浪漫主义画派的风格。德加尝试过多种媒材的创作，如油画、粉彩、水粉、蚀刻、单版印刷、蜡像和摄影等（图2.1-8至图2.1-12）。

德加

图2.1-8 舞蹈教室/德加/1874年
《舞蹈教室》是德加的芭蕾舞女主题画作中较有代表性的一幅。舞蹈室内拥挤不堪，在众多的少女中站着一个白发长者，他拄着拐杖，正在审查一个少女的表演。二十几个少女动作神态不一，但个个紧张的情绪一览无余。

图2.1-10 戴手套的女歌手/德加/1878年

图2.1-11 新奥尔良的棉花办公室/德加/1872年

图2.1-9 舞台上的舞女/德加/1877年
德加以舞者为媒介表现光与色。这幅画里，舞台上的布景与绿色的地毯衬托着灯光照射下的舞者，显得飘渺又绚丽，构成了一个梦幻般的美好世界。

图2.1-12 芭蕾女孩（组画）/德加

● 雷诺阿与其代表作

皮埃尔·奥古斯特·雷诺阿（Pierre-Auguste Renoir，1841—1919年），法国印象画派的著名画家、雕刻家。雷诺阿以画人物出名，在这之中又以画甜美的形象、悠闲的气氛以及丰满、明亮的脸和手最为经典。经典之作《煎饼磨坊的舞会》是他1876年所作，现收藏于法国奥赛博物馆（图2.1-13至图2.1-17）。

雷诺阿

图2.1-13　煎饼磨坊的舞会/雷诺阿/1876年
这幅作品描绘出众多的人物，给人拥挤的感觉，人头攒动，色斑跳跃，热闹非凡，表达出愉快、欢乐的气氛。他用一种棉絮般的风格（这是因为他早期接受了在瓷器上绘画的训练）表现出流溢光线中的人物。画面用蓝紫为主色调，使人物由近及远，产生一种多层次的节奏感。

图2.1-14　达威尔小姐像/雷诺阿/1880年
《达威尔小姐像》是雷诺阿为他的银行家朋友的女儿作的画像。画面上文雅的少女，身穿白底淡蓝点的纱裙，侧身坐在树荫下。她那金棕色的长发是那么美好，温柔地流淌于胸前和腰际。

图2.1-15　夏尔潘蒂埃夫人和她的孩子们/雷诺阿/1878年

图2.1-16　露台上的两姐妹/雷诺阿/1881年

图2.1-17　罗曼·拉柯小姐/雷诺阿/1864年

②新印象派

新印象派是继印象派之后在法国出现的艺术流派，也称新印象主义、点彩派。绘画风格是用点状的小笔触形成并置，让无数小色点在观者视觉中混合，从而构成色点组成的形象。代表人物有乔治·修拉、保罗·西涅克。

• 修拉与其代表作

乔治·修拉（Georges Seurat，1859—1891年），法国画家，新印象派的创始人，他运用点彩技法的微小笔触，利用观者眼睛自然混合产生的中间色，提高色彩透明度和层次感，使画面色彩更丰富，把印象派对色彩的追求提高了一个境界。代表作品有《大碗岛的星期天下午》《阿尼埃尔的浴场》等（图2.1-18至图2.1-20）。

修拉

图2.1-18 大碗岛的星期天下午/修拉/1884—1886年
《大碗岛的星期天下午》描绘的是巴黎人在塞纳河边休息的场景。画面上布满了精密、细致排列的小圆点，当观者退到一定距离后，便由于色彩波长的震动而通过人的视网膜达到融合，从而形成整个画面的和谐。这幅具有里程碑意义的作品，直接启迪了现代艺术，之后的立体主义、抽象主义和超现实主义也都受到了该作品的影响。

图2.1-19 阿尼埃尔的浴场/修拉/1884—1887年
《阿尼埃尔的浴场》描绘的是人们在塞纳河河岸边休憩、游泳的场景。该画运用了点画技法，并具有古典主义的特点，精密的构图、错落有致的人物景色与鲜明丰富的色彩引人入胜，共同描绘出浪漫惬意的休闲时光。

图2.1-20 马戏团表演（组画）/修拉/1887—1891年

③后印象派
19世纪末，许多曾受到印象主义鼓舞的艺术家开始反对印象派，他们不满足于刻板、片面的追求光色，强调作品要抒发艺术家的自我感受和主观感情，开始尝试对色彩及形体表现性因素的自觉运用，后印象派从此诞生。代表人物有梵高、塞尚、高更，他们并称为"后印象派三杰"。

• 梵高与其代表作
文森特·威廉·梵高（Vincent Willem van Gogh，1853—1890年），荷兰后印象派画家，表现主义的先驱。梵高早期只以灰暗色系进行创作，直到他在巴黎遇见了印象派与新印象派，融入了他们的鲜艳色彩与画风，才创造了他独特的个人画风。梵高深深影响了20世纪的艺术，其作品如《星夜》《向日葵》《有乌鸦的麦田》等，现已跻身于全球最知名的艺术作品行列（图2.1-21至图2.1-23）。

梵高

图2.1-21　星夜/梵高/1889年
这是梵高在法国圣雷米的一家精神病院里创作的一幅著名油画作品。画中呈现两种线条风格，一是弯曲的长线，二是破碎的短线。二者交互运用，使画面呈现出炫目的奇幻景象。在构图上，卷动的天空与平静的村落形成对比。柏树则与横向的山脉、天空达成视觉上的平衡。全画的色调呈蓝绿色，画家用充满运动感的、连续不断的、波浪般急速流动的笔触表现星云和树木，具有极强的表现力，给人留下深刻的印象。

图2.1-22　夜晚的咖啡馆/梵高/1888年
画面由深绿色的天花板、红色的墙壁、黄色的地板与绿色家具组成。金灿灿的黄色地板呈纵向透视，以难以置信的力量进入到红色背景之中，反过来，红色背景也用均等的力量与之抗衡。这幅画，是空间感和企图破坏这种空间感的逼人色彩之间的激烈对撞和斗争。

图2.1-23　自画像（系列）/梵高
梵高在其短暂的一生中创作了大量自画像。因为没有钱雇模特，梵高选择用镜中的自己练习绘画。画中的他有时是戴着领结、穿着马甲和皮衣的绅士；有时则是穿着工作服、戴着草帽的农民。他认为如果自己能表现出自己肖像的复杂色彩，"自然就能画好每一个男人或女人的肖像"。

• 塞尚与其代表作

保罗·塞尚（Paul Cézanne，1839—1906年），法国著名画家，后期印象派的主将，现代艺术的先驱，被称为"现代艺术之父"或"现代绘画之父"。他对物体体积感的追求和表现，为"立体派"开启了思路。他十分注重表现物象的结实感和画面的深度，用自由组合的色块来表现画面（图2.1-24至图2.1-26）。

塞尚

图2.1-24　一篮苹果/塞尚/1895年

图2.1-25　有苹果和桃子的静物/塞尚/1905年

图2.1-26　玩牌者（系列）/塞尚/1890—1892年

塞尚强调绘画的纯粹性，重视绘画的形式构成，极力追求一种能塑造出鲜明、结实的形体的绘画语言。

- 高更与其代表作

保罗·高更（Paul Gauguin，1848—1903年），法国后印象派画家、雕塑家、陶艺家及版画家。他的画作充满大胆的色彩，在技法上采用色彩平涂，注重和谐而不强调对比，有极强的节奏感和装饰效果（图2.1-27、图2.1-28）。

高更

图2.1-27 红牛/高更/1889年

图2.1-28 塔希提的年轻姑娘/高更/1891年

《塔希提的年轻姑娘》描绘的是塔希提岛上年轻姑娘们生活的一个场景。高更采用的是近似古埃及壁画的平涂手法，故意显露单线平涂的稚拙结构形式。画上的两个人物极富东方色彩，大面积平涂色块的装饰画法，使人物在强烈阳光下晒成的棕褐色皮肤与鲜艳的裙子构成了鲜明的对比。这幅画没有透视感，没有色彩的层次，充满着主观的装饰意味。

（2）释放的纯色——野兽派

野兽派是自19世纪末、20世纪初在法国盛行一时的绘画流派。野兽派画家热衷于运用鲜艳、浓重的色彩，往往用直接从颜料管中挤出的颜料，以直率、粗放的笔法，创造强烈的画面效果，充分显示出追求情感表达的表现主义倾向。野兽派的代表画家包括马蒂斯、弗拉曼克、德兰等。

• 马蒂斯与其代表作

亨利·马蒂斯（Henri Matisse，1869—1954年），法国画家，野兽派的创始人及主要代表人物，也是一位雕塑家及版画家。马蒂斯与毕加索、马塞尔·杜尚（Marcel Duchamp）一起为20世纪初的造型艺术带来巨大变革。马蒂斯作品中大胆及平面的色彩、不拘的线条、风趣的结构及轻松的主题令他成为现代艺术中最重要的人物之一（图2.1-29至图2.1-31）。

马蒂斯

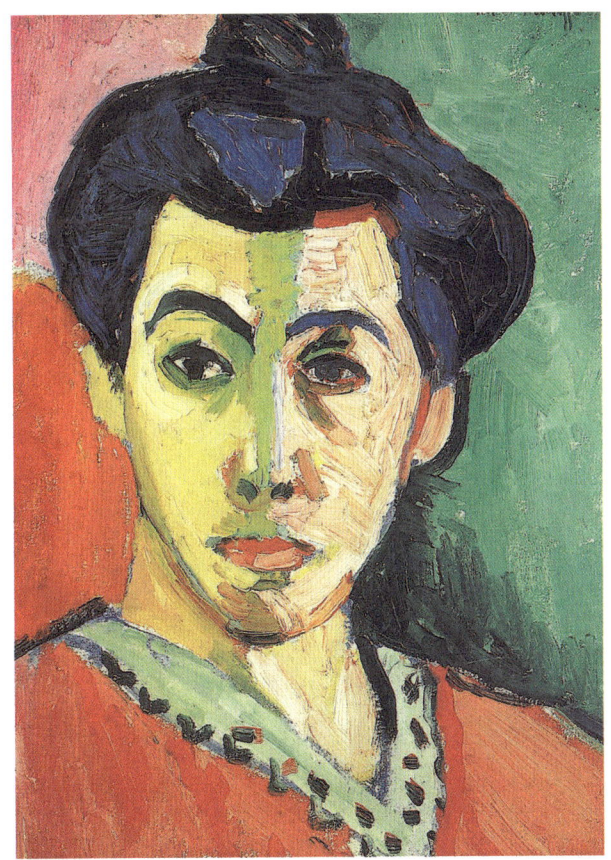

图2.1-29 舞蹈/马蒂斯/1910年
这幅画中，马蒂斯仅使用了红、绿、蓝三种颜色，却表现出了一幅欢乐的跳舞场景。他用最饱和的蓝色构造蓝天，用绿色构造大地，蓝绿冷色调的背景中，用明亮的朱红色构造出前景的人体。蓝绿色的背景与红色的人物在色彩上形成强烈的对比，使人物色彩极富张力。

图2.1-30 带绿色条纹的马蒂斯夫人像/马蒂斯/1905年
这幅画的色彩极其浓重而强烈。马蒂斯在人物面部的正中央画了一道绿色粗线，这条线成了全画的核心，并将头像与绿色的背景联系起来。画中红绿两色的强烈对比，产生了耀眼的艳丽效果，使画面充满了纯绘画性的魅力。

图2.1-31 剪纸作品/马蒂斯

（3）高级的灰色——莫兰迪

莫兰迪色是指饱和度不高的灰系颜色，来源于乔治·莫兰迪（Giorgio Morandi，1890—1964年），他是意大利著名的版画家、油画家。他在画作中对灰色调运用自如，毫不张扬，这种灰调在整个画面中相互制约、相互抵消，让视觉效果达到完美平衡，舒缓雅致。莫兰迪色如今已成为影视、建筑、装饰、服饰等领域的流行颜色（图2.1-32、图2.1-33）。

莫兰迪

图2.1-32 莫兰迪色系

图2.1-33 静物/莫兰迪

（4）呐喊的天色——表现主义

表现主义，现代重要艺术流派之一，20世纪初流行于德国、法国、奥地利、北欧和俄罗斯。表现主义强调艺术家的主观感情和自我感受，导致出现了对客观形态夸张变形乃至怪诞处理的一种思潮，用以发泄内心的苦闷。表现主义认为主观是唯一的真实，否定现实世界的客观性，反对艺术的目的性。代表人物主要有蒙克。

• 蒙克与其代表作

爱德华·蒙克（Edvard Munch，1863—1944年），挪威表现主义画家。他的绘画带有强烈的主观性和悲伤、压抑的情调。蒙克的艺术含有悲观和消极的因素，他揭示了同时代人隐蔽的心灵感受，把人们心底的美和丑、痛苦和欢乐表现在绘画中（图2.1-34、图2.1-35）。

蒙克

图2.1-35　生命之舞/蒙克/1899—1900年

画家以不同心态的人物，形象地反映出人类的欲望、成功与绝望三个生命环节，以揭示生命的过程以及内心世界的变化。通过象征性的意象和色彩，主题、形式以及象征内涵在这里得到强化并协调统一，预示了女性从少女的天真无邪，到成熟期的春风得意，再到逝去青春后的人生之路。

图2.1-34　呐喊/蒙克/1893年

关于《呐喊》，蒙克自己有一段记述："我和两个朋友一起去散步，太阳快要落山时，突然间，天空变得血一样红，一阵忧伤涌上心头，我呆呆地伫立在栏杆旁。深蓝色的海湾和城市，是血与火的空间，朋友相继前行，我独自站在那里，突然感到不可名状的恐怖和战栗，我觉得大自然中仿佛传来一声震撼宇宙的呐喊。"因此，奇特的造型、动荡的线条、燃烧的红色彩云，以及象征死亡的黑色，用以表现他的恐惧情感。作品中的人物是忧郁、惊恐、彷徨状态下丧魂失魄的幽灵；画面中扭曲的线条、神秘的色彩都具有鲜明的表现主义特征。

（5）纯粹的块色——抽象主义

抽象主义又称抽象派，抽象主义的美术作品大约于1910年前后产生，他们的作品或热情奔放，或安宁静谧，都是以抽象的形式表达和激起人的情感。代表人物有康定斯基、蒙德里安、马列维奇等。

- 康定斯基与其代表作

瓦西里·康定斯基（Wassily Kandinsky，1866—1944年），俄国抽象艺术家，被誉为"抽象绘画之父"，抒情抽象派代表画家。他认为艺术不应该用固定的物件或形式来反映，而应该是人性最自然的表达。他的作品《即兴30号》和《黑线条189号》为抽象表现主义艺术奠定了基础。其他代表作有《构成第8号》《构成第10号》等（图2.1-36、图2.1-37）。

康定斯基

图2.1-36　构成第8号/康定斯基/1923年

图2.1-37　构成第10号/康定斯基/1939年

《构成第10号》是康定斯基"构成"系列的最后之作，也是相当特别的一件作品，因为画家使用了很少用到的黑色当背景，而这一实验使画中的主题有了华丽的璀璨感，缤纷飞舞的小色块，更使它充满了欢乐的幻想气氛。这幅油画的创作时间与"二战"爆发时间同年，其实正表达出康定斯基对残酷战争的一种反讽。

- 蒙德里安与其代表作

彼埃·科内利斯·蒙德里安（Piet Cornelies Mondrian，1872—1944年），荷兰人，风格派运动幕后艺术家和非具象绘画的创始者之一，他以几何图形为绘画的基本元素，对后现代主义建筑、设计等影响很大。蒙德里安以表现抽象精神为目的，作品中画出一种横、直线的节奏，预示着即将出现的新造型主义和纯造型派。从内省的深刻观感与洞察里，蒙德里安创造出普遍的秩序与均衡之美（图2.1-38、图2.1-39）。

蒙德里安

图2.1-38　红、黄、蓝的构成/蒙德里安/1930年

《红、黄、蓝的构成》是蒙德里安几何抽象风格的代表作之一。画面中粗重的黑色线条控制着七个大小不同的矩形，形成非常简洁的结构。画面主导是右上方那块鲜亮的红色，不仅面积巨大，且色度极为饱和。左下方的一小块蓝色、右下方的一点点黄色与四块灰白色有效配合，牢牢控制住红色正方形在画面上的平衡。作者通过巧妙的分割与组合，使平面成为一个有节奏、有动感的画面，从而实现了他的几何抽象原则。

图2.1-39 百老汇爵士乐/蒙德里安/1942—1943年
这幅画作是蒙德里安在纽约时期的重要作品，也是其一生中完成的最后一件作品，它鲜明地反映出现代都市的新气息。所用直线不是冷峻、严肃的黑色界线，而是活泼、跳动的彩色界线，它们由小小的、长短不一的彩色矩形组成，分割和控制着画面。明亮的黄色为主色，并与红、蓝间杂在一起形成缤纷彩线，彩线间又散布着红、黄、蓝色块，营造出节奏变换和频率震动的视觉感受。这幅画仿佛充满节奏感的爵士乐，又仿佛夜幕下办公楼及街道上纵横闪烁的灯光。

（6）神秘的金色——克里姆特

维也纳分离派是在奥地利新艺术运动中产生的著名艺术家组织。1897年，在奥地利首都维也纳的一批艺术家、建筑家和设计师声称要与传统的美学观决裂，与正统的学院派艺术分道扬镳，故自称分离派。代表人物主要是克里姆特。

• 克里姆特及其代表作

古斯塔夫·克里姆特（Gustav Klimt，1862—1918年），维也纳分离派绘画大师、奥地利画家，早年受业于维也纳工艺学校，1890年加入维也纳美术家协会。克里姆特的作品吸收古埃及、古希腊及中世纪的艺术要素，以强调轮廓线的面和古典主义镶嵌画的平面结合，创造出一种独特的富有感染力的绘画样式。代表作有《吻》《埃赫特男爵夫人》等（图2.1-40至图2.1-43）。

克里姆特

图2.1-40 吻/克里姆特/1907—1908年
《吻》是克里姆特的代表画作，是他创作黄金期的作品之一，他在这一时期常使用金箔来作画。画面上的色彩主要是金黄色，点状的背景以及开满鲜花的草地把整幅画衬托得唯美而轻柔。画作呈现出一对相拥在一起的恋人，他们的身体借由长袍缠绕在一起。男人和女人身上充满了各种各样的图案纹样，女人有完整的身体曲线，男人则完全处于这些图案的包围中。而这些长方形、螺旋形、圆形的各色图案有着很强的装饰效果，也充斥着神秘的象征意义。整幅画给人一种新鲜而典雅的艺术享受。

图2.1-41 埃赫特男爵夫人（局部）/克里姆特/1907

《埃赫特男爵夫人》又名《阿黛尔·布洛赫·鲍尔画像一号》，这幅画作嵌满了黄金，其描绘了奥地利19世纪末银行家和制糖大亨费迪南德·布洛赫·鲍尔的妻子阿黛尔·布洛赫·鲍尔的形象。画作中，阿黛尔身穿一件黄金衣服，仪态优雅、眼神迷离，双手交叉放在胸前，掩饰一只残疾的手指。她被视为"奥地利的蒙娜丽莎"，也是作者最得意的画作之一。2006年6月20日，这幅作品以1.35亿美元成交价被化妆品巨头罗纳德·S·劳德收购，创下当时单幅人物肖像油画最高拍卖价的纪录。

图2.1-42 生命之树/克里姆特/1909年

图2.1-43 坦嫩瓦尔德（松林）（左）、桦树与农舍（中）、树下的玫瑰（右）/克里姆特/1901—1905年

（7）明朗的原色——波普艺术

波普艺术，一种主要源于商业美术形式的艺术风格，其特点是将大众文化的一些细节，如连环画、快餐及印有商标的包装进行放大复制。波普艺术于20世纪50年代初期萌发于英国，50年代中期兴盛于美国，60年代中期，波普艺术代替了抽象主义而成为主流的前卫艺术。波普艺术主要是新时期的艺术家将商业艺术和近现代艺术联合在一起的一种表达形式。

• 沃霍尔及其代表作

安迪·沃霍尔（Andy Warhol，1928—1987年），波普艺术的倡导者和领袖，同时还是电影制片人、作家、摇滚乐作曲者、出版商等，被誉为20世纪艺术界最有名的人物之一。他大胆尝试凸版印刷、橡皮或木料拓印、金箔技术、照片投影等各种复制技法，以纽约社交界、艺术界明星为题材创作出影响力巨大的艺术作品（图2.1-44、图2.1-45）。

沃霍尔

图2.1-44 金宝罐头汤（系列）/沃霍尔/1962年

1962年7月，沃霍尔以32幅《金宝罐头汤》系列画作举办了自己的首个波普艺术展，如今，这32幅作品仍在世界现当代美术史上占据一席之地。画面上呈现出来的图案简洁明朗，带有一种干净的、几何形的、机械的模式，同时，硕大的logo宣告着它的商品身份。以往的画家尽管也多在描绘生活，但聚焦的多是庄稼、牛车、鲜花、水果，而将可口可乐、罐头，甚至美元、明星等商业对象置于画布中央，在当时是巨大的创意。这完全打破了高雅与通俗的界限。

图2.1-45 肖像画（系列）/沃霍尔

- 霍克尼及其代表作

大卫·霍克尼（David Hockney），英国画家，曾就读于英国皇家艺术学院。他受现代主义思潮影响，创作了大量蚀刻版画，它们的特点是以人们衣食住行的日用品为绘画对象，采用实物拼贴、环境设计的方法。画中内容物象是精细的、变形的，具有广告设计的性质；画风呈现出冷漠超然的特点。霍克尼的绘画吸取了波普艺术的特点，将其创造性地融入他的绘画之中，变形夸张，不断革新（图2.1-46至图2.1-53）。

霍尼克

图2.1-46　更大水花/霍克尼/1967年

图2.1-47　艺术家肖像（有两个人的泳池）/霍克尼/1972年

图2.1-48　83张肖像和1张静物/霍克尼/2016年

图2.1-49　春至/霍克尼

霍克尼在跨领域的创作中，尝试过各种新手法，他作品所使用的媒材广泛，包括油画、水彩、摄影、印刷版画，并一直使用时代最先进的科技进行创作：传真机、激光复印机、电脑及影音录像、iPhone、iPad等设备。2012年起，霍克尼开始在世界各地巡回举办展览《春至》(The Arrival of Spring)，2015年来到了北京。这个展览中的画作便是霍克尼用iPad绘制的其家乡约克郡的风景。

我始终坚信绘画不会消失,因为它无可替代。——大卫·霍克尼

图2.1-50 狮子的画像/霍克尼/2017年

图2.1-51 天使报喜/霍克尼/2017年

图2.1-52 大峡谷/霍克尼/2017年

图2.1-53 漫步城堡/霍克尼/2017年

2. 知识拓展

(1) 色彩形式语言的转化

① 从写实到写意

从写实走向写意,色彩是原始的、感性的、悟性的,同时又是时尚的。这种写意创作不拘于表现物象的固有色以及物体间原有的色彩关系,而是充分发挥主观想象,注重自我主观意识和情感的外在表现和宣泄,绘画者一切来自心灵感应的视觉形式,使画面产生一种强烈的视觉冲击力。例如,超现实主义画家马克·夏加尔(Marc Chagall)的《生日》(图2.1-54),灵感来源于他对妻子贝拉的爱。每年结婚纪念日,夏加尔都为妻子画像。作品用红底色表现人物内心的欢乐,以色彩来表达心声,充满诗意。比利时画家雷尼·马格利特(Rene Magritte)的《委任状》(图2.1-55),画面中一骑马者穿梭于林间草地,物象清晰明了,整个空间疏朗清澈。视觉中心的人、马、树的空间位置则是以视觉错位的方式呈现的。

图2.1-54 生日/夏加尔/1915年

图2.1-55 委任状/马格利特/1965年

② 从冗繁到简化

在对自然物象的观察和表现中，通过对主体的形和色块作归纳性的表现，把其他的物象进行删除或简化，集中本质，删除多余，使冗繁的物象得到艺术的加工，可产生一种净化、单纯的效果。以形和色的简洁为目的，可使主题更突出，形象更典型，色彩更鲜明，从而获得更好的画面效果。例如，康定斯基的《时髦女低音》（图2.1-56）以简洁的造型、鲜明的红绿对比色，使作品极具个性。两个错开的半圆，可以想象成人的侧脸；红色的长方形，也许是唱歌时伸长的舌头；像房子一样的形状，也许是身体。画面上，所有的对物象的描绘性因素都不见了，大小不同的色块和线条、形状相互穿插，让我们感受到一种内在的力量从画面中涌现出来。又如，毕加索的作品《窗前的桌子》（图2.1-57）在创作手法上虽然承袭古典主义的路线，但他不再以现实物象为起点，而是以基本元素为起点，将基本的形状及块面转化为客观物象的图形。色彩的变化及造型的组织进行了简化，桌子上的景物被切割出不同块面，通过对涂绘及笔触的舍弃，获得一种更为客观的真实感。

图2.1-56 时髦女低音/康定斯基/1929年

③ 从杂乱到条理

自然表象极为丰富多彩，但常常也是杂乱无序的，在艺术创作中，我们需要通过归纳的手法对其予以条理化和秩序化。在构图方式上，可运用对称式、均衡式、散点式、焦点式、中心式、适形式、分割组合式等进行画面形象的经营，也可以采取对位、切割、重叠、移位、对接、透叠、共用等手法对形象进行布局、安排。例如，法国画家罗伯特·德洛内（Robert Delaunay）的《红色铁塔》（图2.1-58），画面形式的构建遵循均衡、重复、渐次、节奏、韵律、对比、调和等原理，以取得完美的视觉效果；意大利画家吉诺·塞韦里尼（Gino Severini）的《蓝色舞女》（图2.1-59），画面效果不断追随形的疯狂节奏，将运动感引入空间。许多画家都以立体主义的分解手法画出多面体，这些多面体在不断变化的曲线中跳跃，闪烁着强烈色彩，形成富有节奏的韵律，杂而不乱，使画面充满未来主义所追求的运动感。

图2.1-57 窗前的桌子/毕加索/1919年

图2.1-58 红色铁塔/德洛内/1911年

图2.1-59 蓝色舞女/塞韦里尼/1912年

④ 从写实到夸张

夸张是艺术的强化，是对真实的夸大和膨化，这是艺术表现中最常用的手法之一。对于设计色彩的学习来说，需要进行色彩归纳的练习，在构色上可以强化主观色彩意向，通过夸张，使主题得以鲜明，形象得以突出，使画面整体更富有艺术感染力。例如毕加索的《多拉·玛尔的肖像》（图2.1-60），作品像是从一面棱镜的焦点去看的，人物形象充满黄、绿、红等色彩，引人遐想；《哭泣的女人》刻画了一位极其悲伤的女人，粗放的颜色和劲利的笔触将人物的眼睛、嘴唇、鼻子打乱，支离颠倒，具有常人难以理喻的特点（图2.1-61）。又如卡西米尔·塞文洛维奇·马列维奇（Kazimir Severinovich Malevich）的《割草人》（图2.1-62），这幅作品的色调主要由红色、黄色、蓝色组成，这种三原色对比协调的运用不但使得整幅作品冷中透暖，而且演绎出俄国强烈、艳丽的红绿民族色彩风味；画面中的人和物都以夸张的几何锥形和不规则梯形为基本形，每个几何形都是由暗到明的过渡色填充，通过巧妙、灵活的搭配，让人物的体积感和画面整体的层次感跃然纸上。

图2.1-60 多拉·玛尔的肖像/毕加索/1937年

图2.1-61 哭泣的女人/毕加索/1937年

图2.1-62 割草人/马列维奇/1911—1913年

（2）装饰色彩与形式

① 平面化

平面化是指将客观对象从三维立体形象变为二维平面形象，通常以线造型，并运用概括、夸张、提炼、变形等方法，在画面上使展示对象富有装饰美的平面结构特点。纵观古今中外，装饰画平面化造型形象比比皆是，如汉代画像石、画像砖，埃及墓室壁画，希腊瓶画，日本浮士绘的造型处理等。在西方现代绘画中，一些艺术大师的作品也表现出装饰画的平面化特征，利用"打散"和"多视点"等构图，加强了作品的韵律感与装饰趣味（图2.1-63至图2.1-66）。

② 单纯化

单纯化是指简化过渡的中间层次，通过提炼、变形、省略细节等方式，强调主体色调，使画面感染力更加突出。如西班牙画家杰昂·米罗（Joan Miro）的作品以简略的形状为特征；莫兰迪的静物作品中，将那些生活中的杯子、盘子和瓶子置入极其单纯的色彩之中，以营造奇特、简洁、和谐的气氛（图2.1-67、图2.1-68）。

立体化资料7—装饰色彩与形式

图2.1-63　夫妇/莫迪里阿尼/1915年

图2.1-64　单人肖像/莫迪里阿尼

阿梅代奥·莫迪里阿尼（Amedeo Modigliani），意大利杰出的绘画大师，他运用了原始人刻画人物性格的技法，使人物的轮廓线流畅而又准确，同时优美的拉长手法，更使画面有着立体派及黑人雕塑艺术所具有的分析手法及平面性的表现。

图2.1-65　静物·日光/勃拉克/1929年

图2.1-66　黑花A之构作/勃拉克/1913年

乔治·勃拉克（Georges Bruque），法国立体派画家。他的作品多数为静物画和风景画，画面简洁单纯，严谨而统一。色彩高雅、朴实、精美，以黑色、灰色、淡灰褐色、绿色、稠腻的白色而别具一格。

图2.1-67　蓝色之金/米罗/1967年

图2.1-68　花卉/莫兰迪/1951年

图2.1-69 黄红蓝/康定斯基/1925年
画面中布满了不规则的红、黄、蓝色块,没有视觉上可参照的自然物象,也没有特定的主题内容,只是点、线、面、色在空间运动中的交织。整体画面呈现了一种前所未有的视觉效果,复杂的几何线条于交叠中给人一种节奏感,秩序化的将画面浮动的不规则色块重叠在一起,相互的旋转着,忽离忽合的冲突,给人以生命力和运动的效果。

图2.1-70 剪纸作品/马蒂斯
马蒂斯剪纸作品采用平涂、抽象、装饰的表现手法,用简单的线条、色块交错,达到空间经营的效果,暗示着内部秩序的空间感,表达他所感知的这个世界。他注重色彩应用,省去细节,依靠色彩表达出了纯粹的自由之美。

③ 秩序化

秩序化使画面带有一定规律感,它运用重复、渐变、放射、对比、统一等形式法则构成画面,让画面的表现语言更丰富,从而最大限度地体现出色彩的装饰美。如康定斯基的作品《黄红蓝》和马蒂斯的这张剪纸作品,画面充满了主题的含义和形式之间的冲突,同时运用抽象手段来表现,呈现了一种浓烈而富于对比的秩序化的色彩组合形式(图2.1-69、图2.1-70)。

(3)装饰色彩与构色

① 限色法

所谓"限色",有着简洁、提炼的意思。限色是一种求少、求简的设计思想,是对色彩使用和创新直接相关的一种调控能力。限色法主张作品用色以少胜多,概括性强,从而彰显装饰色彩的和谐之美。如米罗的超现实主义绘画具有鲜明的个人风格:简略的形状,强调笔触的点法,精心安排的背景环境,奇思遐想、幽默有趣和清新的感觉(图2.1-71、图2.1-72)。

图2.1-71 夏日/米罗/1938年

图2.1-72 荷兰室内1号/米罗/1928年

米罗的颜色简单到只有几种基本色:蓝、朱、黄、绿,他精打细算地使用它们,可谓准确至极。米罗作画以漫不经心的笔画在画布上自由弯曲、伸展游动,毫不考虑它们之间的相互关系以及空间深度的要求。血红色或古蓝色的各式形状,散布在深浅不同的背景上,大小相间着的黑点、黑团、黑块,像爆炸四溅的宇宙流星。这些假装乱涂出来的稚拙形状,共同构成一个反复无常的滑稽世界、一个多彩多姿的梦幻世界。

第一节 训练一——名画鉴赏与色彩表现

② 对比法

对比法是运用色彩的冷暖对比、纯度对比、面积对比、色相对比安排画面。高更、梵高、马蒂斯等都擅长将色相对比运用于绘画创作中。梵高在书信中这样描绘他的油画《在阿尔的卧室》："墙壁是淡紫色的，地板由红色方块组成，木床和椅子是新鲜的黄油色，床单和枕头很亮，是柠檬绿色的，椅子是大红色的，窗子是绿色的，梳妆台是橙黄色的，脸盆是蓝色的，门是淡紫色的，如此而已。此外在这紧闭的房间里再也没有什么……一切都是用均匀的纯色画出，就像彩色木刻那样。"（图2.1-73）

③ 调和法

两个或者两个以上的事物相互作用时，产生秩序、统一与和谐的现象，称为调和。调和在装饰色彩中的作用更为明显。色彩调和理论中有诸如单一色相的调和、同色系调和、无彩色系调和等调和方法，无论这些方法在内容和性质上有什么不同，其目的都是为解决人的视觉所需的色彩和谐美感问题。法国

图2.1-73　在阿尔的卧室/梵高/1888年

19世纪末20世纪初纳比派的著名画家皮埃尔·勃纳尔（Pierre Bonnard）画作中的大部分设色，是用琐碎的笔触，在画布上反复涂抹，使人看似杂乱无章，没有一块纯净之色，然而正是由于这种绚烂多姿的色彩效果，把色彩的对比度、音乐感、神秘性等发挥到了极致（图2.1-74、图2.1-75）。

勃纳尔是纳比派最有成就的三位画家之一，他在创作这幅《女子与狗》时，正与一群自称"纳比派"的年轻画家过从甚密。"纳比"一词出自希伯来语，是"先知"的意思。"纳比派"的装饰美学主要受到高更的作品以及日本版画中的简易造型和平面化视觉空间的影响。这幅《女子与狗》是他装饰性、非透视风格的典型代表。画家对花裙上的格子采取了一种平面化的处理，用色特点是以冷暖的等量色调替代自然形成的色阶对比，同时以神秘而颤动的中间色调来替代古典的明暗塑造，整幅画的色调十分和谐。

图2.1-74　女子与狗/勃纳尔/1891年

图2.1-75　妇女和猫（局部）/勃纳尔/1912年

（4）装饰色彩与材质

在装饰色彩中有很多技法可以使画面产生意想不到的效果，比如油性材料与丙烯材料的综合，彩色铅笔与水性颜料的混合，丙烯材料与水粉、水彩、色粉材料的综合。为了增强肌理、质感效果的综合表现，还可以充分利用沙粒、拼贴材料（如拼贴布、纸、纸板、木板、皮革、丝网）等原材料加以表现。我们经常接触和应用的色料的特殊用法有：渲染法、混色法、吸附法、抗水法、流淌法；工具的特殊用法有：喷洒法、弹线法、刮擦法、对印法、拼贴法。

① 色料的特殊用法

a. 渲染法：在表面较为光滑的硬纸板上，涂上清水，在接近晾干时，用颜色或墨水涂于潮湿的纸板上，使其自然润成偶然形。另外，也可用中国画用的生宣纸，涂上颜料或墨水，使其自然浸润，也可出现润散开的图形（图2.1-76a）。

b. 混色法：用浓度较大的水粉颜料，在画纸上堆积并搅动，使其自然混合，得到偶然效果（图2.1-76b）。

c. 吸附法：将墨或颜料滴在水面，缓慢搅动，在颜色还没有完全混合在一起时，将吸水效果较好的纸张轻放于水面，这时浮色已黏附在纸上，晾干即可。这种偶然形，可表现仿大理石的效果（图2.1-76c）。

d. 抗水法：抗水法利用油性材料与水分隔的特点，可用油画棒、蜡笔、蜡烛做载体，再用水彩颜料等水性材料渲染，画面特点是油水不融，有凹凸感（图2.1-76d）。

e. 流淌法：将水分饱和的不同颜料，涂在较光滑的纸面上，使其自然流淌，或用气吹动，使之构成不同的偶然线条。其形象自然活泼、较为生动，可表现一些较为抽象或似是而非的对象（图2.1-76e）。

a 渲染法

b 混色法

c 吸附法

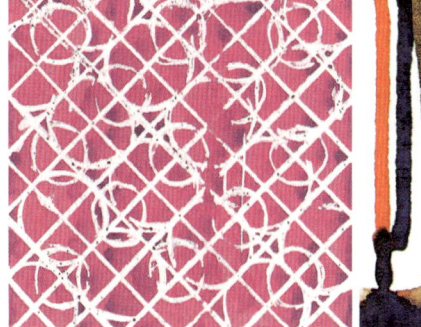
d 抗水法

e 流淌法

图2.1-76 色料的特殊用法

a 喷洒法　　　　　　　b 弹线法　　　　　　　c 刮擦法

d 对印法　　　　　　　e 拼贴法1　　　　　　　f 拼贴法2

图2.1-77　工具的特殊用法

② 工具的特殊用法

a. 喷洒法：将墨或颜料涂洒在纸上，配以秃笔适当进行补笔，表现出某种形象，以表达作者的意图（图2.1-77a）。

b. 弹线法：先将线在颜料中浸透，再在纸面上将线的两端拉紧，之后经弹击而在纸面上形成线，线的效果是实际不连续但感觉连续（图2.1-77b）。

c. 刮擦法：在纸上平涂颜料，可以略厚些，待干后用刻刀等刮除表层的颜色，形成特殊效果（图2.1-77c）。

d. 对印法：将浓度较大的不同色彩，涂在表面较光滑的纸板上，然后将另一张纸板与它对合在一起，用手压紧，起开后即可形成两幅互相对称的图形，这种偶然形成的图形，较为自然生动；也可以利用某些自然形象，如干树叶、树皮、草编织物、米粒、小粒砂石、干草、木板等，在上面涂洒颜色后，用纸铺在上面压印，形成生动的图形（图2.1-77d）。

e. 拼贴法：选取旧杂志、报刊上的部分版面，如：大字标题、密集排列的整齐文字、局部的图片等，用手撕下来形成偶然形并拼贴起来，构成一幅完整作品。这种构成要按照本书讲过的形式规律，处理好画面的平衡、疏密、主次、韵律等关系，显露出整齐的文字与手撕纸边，以及不甚完整的图形等（图2.1-77e、图2.1-77f）。

3. 专题实训

课题一：色彩的观察、分析与再现

课题内容：静物写生、人物写生、风景写生。

建议课时：8课时。

训练目的：理解色彩的基本属性，掌握物体固有色、光源色和环境色之间的关系。用色彩塑造物象的形体，表现空间感、光感和质感。

教学方式：风景、静物、人物写生为主，考查学生对画面的组织能力。绘画工具可以选择水粉、水彩、油画棒、丙烯等。

课题要求：a. 构图完整，色彩、造型上平衡协调。

b. 把物体、环境和光源作为一个整体系统来研究，观察和表现它们丰富的色彩变化，把握好"大关系"。

c. 以大色块入手，逐步深入，力求做到不同质感、不同表现。

d. 作业量和尺寸：完成在8开大小的纸上，工具、表现手法不限。

教学难点：色调的把握、物象的塑造是本次作业的难点，注意色彩冷暖运用、明度差异、纯度控制。

作业图例：参见图2.1-78至图2.1-81。

图2.1-78　水边秋日/吕梓祎

图2.1-79　小镇/周洋

图2.1-80　行驶的列车/顾心蕙

图2.1-81　静物写生/白垩超

课题二：色彩印象切片训练

课题内容：专题性小幅色调、空间的色彩印象练习。

建议课时：4课时。

训练目的：使学生了解自然现象中客观存在的色彩规律，帮助学生自己去认识、表达、体验色彩，并运用提取、抽象、分析、归纳、整合、分离、综合等方式发现形式结构的各种内在联系。

教学方式：启发学生用瞬间观察的方法来捕捉色彩感受和印象，不同视角构图，描绘生活中某个场景、风景的色彩印象。

课题要求：a. 以摄影的方式收集生活碎片，构图可采用方形、矩形、菱形、圆形、条形等。
b. 以概括手法表现场景，简化色彩层次。

教学难点：本次作业考验学生从具象现象分析到抽象整合色彩的能力，最大的难点在于画面取景构图与色彩面积分布、色彩的对比与调和把控、色彩的概括与抽象、色彩的冷色与暖色关系等。

作业图例：参见图2.1-82至图2.1-86。

图2.1-82　色彩印象切片练习1/俞颖、朱琪、楼芝余

图2.1-83　色彩印象切片练习2/高昕莹、陈美琳、蔡佳敏

图2.1-84　色彩印象切片练习3/俞颖、蒋欣怡

图2.1-85　色彩印象切片练习4/俞珂颖

图2.1-86　色彩印象切片练习5/邵柯玮

课题三：大师作品临摹与解构性再创

课题内容：借鉴某大师的表现手法，进行解构性色彩表现。

建议课时：4课时。

训练目的：学习大师的用色技巧，领悟大师的色彩表达，充分运用色彩规律等，从中提高自己的审美修养。

教学方式：先收集古今绘画作品，再进行筛选，学习大师的表现手法及颜色运用，并加入自己的主观色彩和对物象的解构表现。

课题要求：a. 收集大师的作品，分析临摹，可参考教材中的名作。

b. 保留大师作品中的色调或构图等元素，融入自己的主观想法进行解构创新设计。

c. 作业量和尺寸：完成在8开大小的纸上，工具、表现手法不限。

教学难点：画面解构重组的创新效果。

作业图例：参见图2.1-87至图2.1-91。

图2.1-87 临摹作品1/刘佳华

图2.1-88 临摹作品2/张洁菲、周俊怡等

图2.1-89 大师作品解构性再创1/陈佳圆、丁柯尹、谭丽莹

图2.1-90 大师作品解构性再创2/蒋欣怡、王聆烟

图2.1-91 大师作品解构性再创3/朱雨童、张慧、金利诚

这几位学生的临摹均采用了不同的工具进行尝试，有色粉、马克笔、水彩、彩色铅笔、ipad绘画软件等，在归纳色调的同时尽量捕捉原画的色彩魅力，从而获得新的视觉效果。

课题四：肌理和材质的色彩综合表现

课题内容：各种材料组合的二维色彩构成。

建议课时：8课时。

训练目的：感受色彩与肌理的视觉效果，通过材料的不同组合，让色彩更为丰富。采用多种媒介材料，表达对色彩的真切感受，体验画面的宽泛性和多样性。学习研究色彩规律与表现方法，探讨色彩形式语言的表现。

教学方式：要求学生课前先准备好材料，用彩色纸张、各种肌理材料等进行拼贴。

课题要求：运用多种技法，充分发挥色彩的视觉属性和材料的物理属性；可借用彩纸完成色彩的表现，或将各种材料组合在一定载体上完成。

教学难点：a. 造型要素和色彩要素的综合，各种形式组织方式的综合。
　　　　　b. 造型的媒介材料及技法的综合表现。

作业图例：参见图2.1-92至图2.1-99。

图2.1-92　三乐师/毕加索/1921年
《三乐师》是20年代初毕加索在重新运用一种古典主义色彩有力地变化创作风格的同时，又探索的一种以鲜明的色彩、平涂的手法、几何抽象的形象组合的立体主义风格创作；是毕加索所作的一幅拼贴作品，但同时他又应用颜料进行加工，因此，确切的说是一幅综合材料作品。作品的主题是欢乐的，同时又有一种肃然、庄严的气氛。

图2.1-93　QEE熊/王方
画面以简约、绚丽、时尚的QEE熊仔作为主体描绘对象，背景运用喷洒效果，洒脱与细腻的对比给人留下深刻印象。

图2.1-94 立体浮雕油画/Justin Gaffrey

Justin Gaffrey，美国视觉艺术家，他的绘画主要是风景和花卉，作品灵感来自周围的自然世界。他把自己的创作方法称之为"雕刻油漆"，即用调色刀和丙烯颜料为介质，打破常规油画的作画方式，使画面感更加绚丽，更加立体，和浮雕效果类似。

图2.1-95 肌理效果作品/周钰、毕敏爽、黄晓涵、孙婧瑄

通过刮擦法、压印法、渲染法、抗水法等描绘印象中的抽象画面，营造出丰富的视觉效果。

图2.1-96 人物创作/柯秀萍

  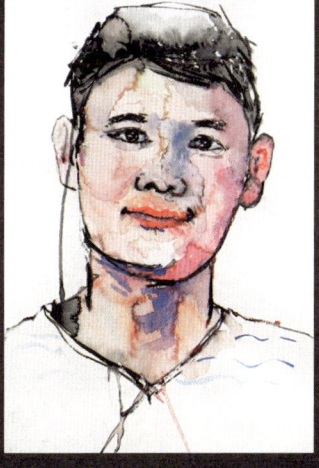 

图2.1-97 我的朋友们/陆凤娇
作者充分利用水彩的特性，其一透明、鲜亮的色彩，其二充足的水分，并将偶然形成的水彩流淌扩散的肌理效果运用在头像描绘上，视觉效果新颖，极具表现力。

图2.1-98 跃·悦/余敬
这组作品将拼贴与水彩组合，企图打破二维平面的绘画，制造虚实的空间视觉效果。人物造型生动，配合鲜明的色块纸条，有动有静。

图2.1-99 材料拼贴/徐秋艳、董方圆、程晨等
将纸张、布片或其他材料贴在一个二维的平面上，创作出一件件拼贴作品。拼贴的手法多元化，色调和谐，风格一致。

课题五：色彩写生的装饰化表现

课题内容：静物/人物/风景装饰化色彩设计训练。

建议课时：8课时。

训练目的：以客观对象为依据，观察自然色彩现象中客观存在的造型因素和色彩要素，使学生分清绘画色彩与装饰色彩的区别，提高对装饰色彩的审美能力，掌握装饰色彩设计的方法规律。

教学方式：可以进行平面性、结构性、意向性、设计性的归纳，创作一组装饰味强的静物/人物/风景装饰色彩作品。

课题要求：a. 结合上一阶段静物/人物/风景写生的结果，采用变形、变色、变调等装饰手法。

　　　　　b. 以平涂为主、立体表现为辅的绘画方式来创作。

　　　　　c. 注意营造出装饰味较强的静物/人物/风景色彩作品。

教学难点：注重从客观的再现到多种可能性的表达。

作业图例：参见图2.1-100至图2.1-109。

图2.1-100　静物写生的装饰化训练1/王聆烟等

图2.1-101　静物写生的装饰化训练2/林谋桂
图2.1-102　静物写生的装饰化训练3/李子叶
图2.1-103　静物写生的装饰化训练4/吴婕妤

图2.1-104　静物写生的装饰化训练5/邹晓蕾

图2.1-105　静物写生的装饰化训练6/孙兰

图2.1-106　静物写生的装饰化训练7/李明月

图2.1-107　静物写生的装饰化训练8/杨曼

图2.1-108　静物写生的装饰化训练9/张茜

图2.1-109　静物写生的装饰化训练10/袁琼

画中静物多以几何抽象色块造型、平面化构图、平涂手法描绘。画面构图较为单纯，强调均衡、对比、变化、和谐等形式美法则的运用。色彩亦服从于形式美法则的需要，不拘泥于客观对象的色彩关系。利用色彩的明度、纯度、色相、冷暖、面积等的对比与调和来规范与整合画面，使画面具有条理性、秩序感与创新性。

第二节　训练二——色彩搭配技巧

1. 知识链接

（1）色彩对比配色规律
（2）色彩调和配色规律
（3）色彩意象配色特征

2. 知识拓展

（1）色彩体系——奥斯特瓦尔德、NCS、孟塞尔、PCCS
（2）色彩量化——色彩形象坐标分析法
（3）色彩健康与功效

3. 专题实训与作品展示

课题一：色彩构成基础练习
课题二：色彩采集——寻找生活中的色彩
课题三："速感情绪"色彩练习
课题四：色彩调控能力训练
课题五：主题色彩配色训练

1. 知识链接

（1）色彩对比配色规律

色彩对比与组成色彩的三个要素密切相关，分别是色相对比、明度对比、纯度对比。

① 色相对比

色相对比是因色相的差别而形成的色彩对比，色相对比的强弱取决于色相在色相环上的距离（图2.2-1）。

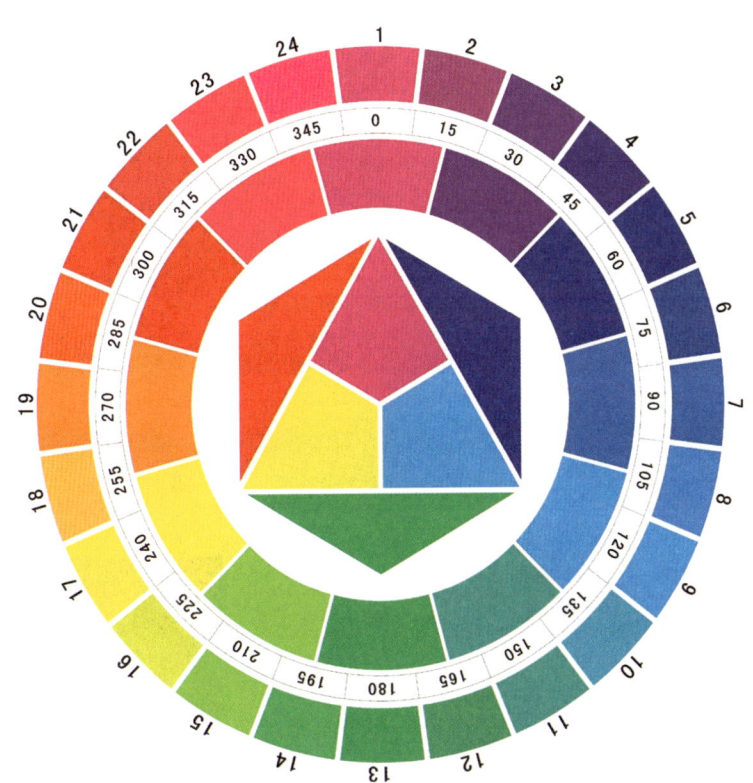

图2.2-1　伊顿色相环

邻近色相对比为某色与相隔15°至30°的色作的色相对比（较弱的色相对比）。
同类色相对比为某色与相隔60°的色作的色相对比（中偏弱的色相对比）。
对比色相对比为某色与相隔120°至150°的色作的色相对比（较强的色相对比）。
互补色相对比为某色与相隔180°的色作的色相对比（最强的色相对比）。

② 色相对比配色模式（图2.2-2）

a 同类色配色　　b 互补色配色　　c 三角对立配色　　d 分离补色配色　　e 正方形（四方色）配色

图2.2-2　色相对比配色模式

a. 同类色配色：色相环上2~4个相邻的色相称为同类色，同类色比单色丰富，但由于色相相近，不会产生冲突感。例如，红-红橙-橙，黄-黄绿-绿，蓝-蓝紫-紫等均为同类色。它的特点是色彩柔和，色调优雅、耐看、协调而统一（图2.2-3、图2.2-4）。

b. 互补色配色：互补色指的是色相环中以180°相对的两种颜色。互补色配色的特点是色彩诱目度很高，色调鲜明，有强烈的刺激作用。这种配色模式在风光摄影和平面广告创意中很受欢迎（图2.2-5、图2.2-6）。在商业广告应用中，需要考虑的是互补色的纯度和比例配置，例如补色的饱和度降低以及无色系的点缀配色等（图2.2-7）。

图2.2-3　家居同类色配色
同类色由于色相对比不强，可以给人以平静、舒适的感觉，同时也可以在同一个色调中制造丰富的质感和层次。因此，在家居配色中，同类色能构成安心、舒适的室内空间，表达自然、稳重、执着、优雅的感觉。

图2.2-4　2022—2023秋冬中国色彩趋势预测/WGSN色彩趋势

图2.2-5　风光摄影互补配色（黄橙-蓝紫）/储卫民

图2.2-6 平面广告互补色配色1

图2.2-7 平面广告互补色配色2

c. 分离补色配色：分离补色是一种色相，与它的补色在色环上的左边或右边的色相进行组合。分离补色的搭配，可以通过处理主色和次色之间的关系达到调和，也可以通过色相有序排列的方式达到和谐的色彩效果。例如图2.2-8所示的平面广告用色，画面中红色和绿色是互补色，红、青、黄绿的组合就是分离补色的搭配。又如，图2.2-9这张摄影作品，调色使用了分离补色的搭配模型，以红色为点缀，大面积的背景为青色、蓝色。这种搭配方法不仅有较强的对比度，而且能使画面不失协调，营造出特殊的视觉效果。

d. 三角对立配色：三角对立配色指三色在色相环上的位置刚好组成一个等边三角形，如红、黄、蓝。要寻找三种互相平衡的颜色，可以选择色环上任意三个三角对立的颜色。使用三角位置上的色彩进行配色，可以给人以开放而不杂乱之感，这是一种比较稳定的配色类型，颇具安心感（图2.2-10），能表达畅快、华丽、成熟、稳定、阳光等意象设计主题（图2.2-11）。

图2.2-8 平面广告分离补色配色3

图2.2-9 摄影作品/ 玛利亚·萨瓦波娃（Maria Savarbova）

一种主体色+一种辅助色+一种强调色进行均衡调配配色时，可以通过处理主色与次色的关系而达到色彩的调和，也可以通过色相有序排列的方式，求得统一、和谐的色彩效果。

第二节 训练二——色彩搭配技巧

图2.2-10 蒙德里安抽象画及应用

蒙德里安的方块抽象画就运用了红、黄、蓝三色,也是最成功的三角对立配色案例之一。

图2.2-11 三角式流行色配色分析/WGSN色彩趋势

e. 四方色配色:四方色配色是以色轮上彼此等距的四种颜色来创建方形配色。例如,已知的颜色是红色,有了红色的坐标之后,在色环中依次按照方形色彩搭配模式,找出绿色、蓝色、橙色,将这些颜色放到场景当中,可以搭配出一个强烈、华丽的色彩效果。微软、谷歌的商标便是采用这一模式进行配色,多彩的商标是品牌的一大特色(图2.2-12)。

③ 明度对比

因明暗差别或黑白差别而形成的色彩对比称为明度对比。低明度构成的基调给人以神秘、浑厚、深厚、沉重、忧郁、迟缓等感觉;中明度构成的基调给人以朴素、庄重、含蓄、成熟、稳定等感觉;高明度构成的基调给人以轻快、娇媚、柔软、明朗、纯洁、安静的感觉(图2.2-13至图2.2-15)。

图2.2-12 微软、谷歌企业标识

微软和谷歌的标识都采用了明快的颜色，以橘红、蓝色、绿色、黄色为主。微软于2012年8月宣布采用全新的企业标识，这是微软25年来首次更换Logo。新Logo采用了色块符号标志和Microsoft字样组合的设计，看上去新奇而又清新。新Logo中蓝色、橙色、绿色色块分别代表的是微软的Windows、Office和Xbox三大产品。

④ 纯度对比

因鲜艳色与各种黑白灰色的差别而形成的色彩对比称为纯度对比。低纯度基调给人以平静、干净、明快、单纯的感觉，但它的特点是色相感较弱，运用得好，画面色彩会非常耐看（图2.2-16），反之则呈现单调、贫乏、陈旧的感觉；中纯度基调具有柔和、安静、柔软的特点；高纯度基调，给人热闹、积极、快乐、外向、冲动、刺激、活力的感觉，因为高彩度色彩具有强烈的注目性和个性特征。

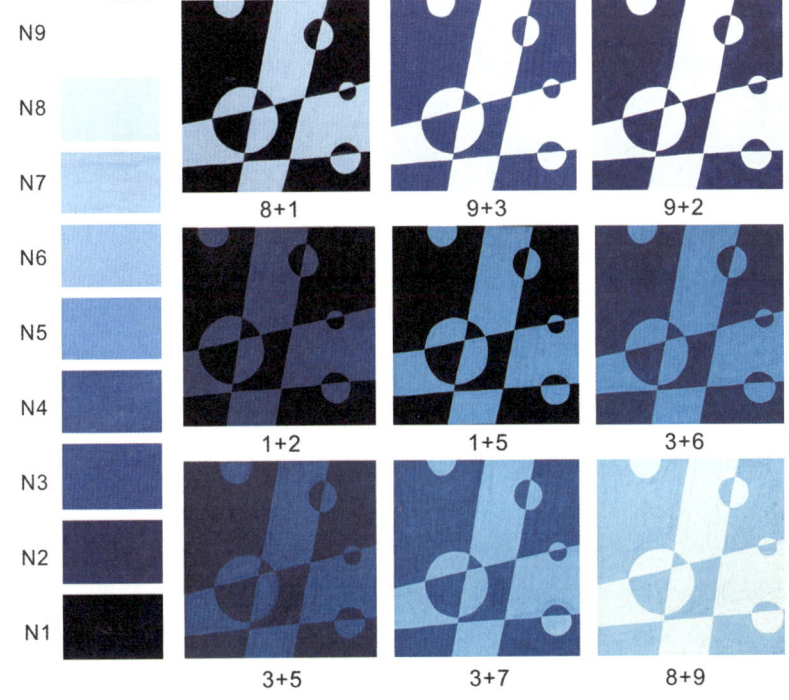

图2.2-13 明度三大调、九小调示意图

低调 低明度基调：沉静、厚重、坚强、忧郁、神秘
中调 中明度基调：柔和、甜美、稳定、朴素、消极
高调 高明度基调：优雅、明亮、活泼、软弱、冷淡

长调：强对比,明度级别差在6°及以上的配色组合
中调：中对比,明度级别差在4°~5°的配色组合
短调：弱对比,明度级别差在3°及以内的配色组合

图2.2-14 明度对比练习

图2.2-15 室内空间明度对比配色

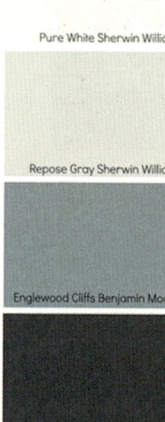

图2.2-16　高级灰调冬季软装配色方案

降低色彩的纯度有四种方法可选择：
a. 加白色，在各种纯色中加白色，可减弱纯度，提高明度；
b. 加黑色，可减弱纯度，降低明度，同时使色彩失去原来的光亮感，而变得较幽暗；
c. 加灰色，在各种纯色中加灰色，可使色彩变得浑浊；
d. 加补色，相当于加入无彩色系的灰色，纯色可以用补色来提高明度和含灰度（图2.2-17）。

在实际的色彩设计中，三种对比类型并非孤立出现，而是综合作用的，常以其中一种为主，辅以其他类型。在设计中，色彩表面的肌理、质感以及色彩的面积等因素都会对视觉效果产生影响，所以又会有冷暖对比、轻重对比、空间对比等。根据对比的方式与情境的不同，又有同时对比、连续对比等。也正是如此，设计师才会有广泛的空间来获得千变万化的、具有高度审美价值的色彩构图。

图2.2-17　纯度对比练习/张珊

（2）色彩调和配色规律

色彩调和是指两个或两个以上的色彩有秩序、协调地组织在一起，形成具有整体感、统一连贯感的视觉效果的搭配。调和和对比是相辅相成、对立统一的，色彩调和的基本原则是：调和中有对比。

① 统一属性调和

a. 色相统调调和：在对比色各方中混入同一色相，使对比色的色相靠拢，形成具有共同色相的调子。明度和纯度应与原状相似，这样原来强烈的对比被削弱，形成了在混入色相基础上的统一和谐。同一色相注入越多，就越调和，图2.2-18是统一加入黄色、蓝色的前后对比。当然，在具体的调和搭配中，需要把握好明度和纯度的关系，使画面成为统一色调（图2.2-19）。

b. 明度统调调和：在对比色中混入不同程度的黑色或白色，使明度提高或降低，让原色调之间过分的对比被削弱。当纯色混合白色，会降低纯度，提高明度。一般来说，纯色混入白色会偏冷，大多数的彩色加黑色会偏暖（图2.2-20、图2.2-21）。

c. 纯度统调调和：在对比色各方中混入灰色，使原来的各对比色在保持明度对比的情况下，纯度相互靠近。纯色混入灰色后，纯度会降低，纯色的特质也随之消失（图2.2-22）。由于纯度降低，色相感也相对被削弱，原来强烈的对比也因此减弱，调和感增强，色彩会变得浑厚、典雅，使画面更加含蓄、稳重，带有古色古香的感觉（图2.2-23）。

a 统一加入黄色前　　b 统一加入黄色后　　c 统一加入蓝色前　　d 统一加入蓝色后

图2.2-18　统一加入黄色、蓝色的前后对比

图2.2-19　色相调和练习

图2.2-20 明度调和练习1/袁梦洁

图2.2-21 明度调和练习2/李心泽

图2.2-22 加入灰色的色块

图2.2-23 插画组图/Mijoo Kim、Minjin Kang

美国设计师Mijoo Kim和Minjin Kang创造了一组梦幻般的建筑空间，典雅、舒适的莫兰迪色使我们仿佛身处幻想与现实之间。

②秩序调和

a. 渐变配色：颜色按层次逐渐变化的色彩。色彩渐变可以有规律地在多种颜色中进行，暗色和亮色之间的渐变会产生远近感和三维的视觉效果（图2.2-24、图2.2-25）。渐变色能够柔和视觉，增强空间感，体现节奏和韵律美感，达到统一整个画面的目的（图2.2-26、图2.2-27）。

b. 反复配色：将同一色相、明度、纯度或同一色形状、色面积、色肌理等要素连续做几次同样的反复，可以很好地获得节奏感（图2.2-28）。

c. 冷暖平衡配色：在色相环中，黄色、黄橙色、橙色、红橙色、红色作为暖色，绿色、青色、蓝色、蓝紫色、紫色作为冷色（图2.2-29）。黄绿和紫红比较中性，成为了冷暖的分界线。如图2.2-30所示，这张阿尔卑斯山的照片以褐色和蓝青色的搭配，色调形成了暖色和冷色组合，画面生动协调。

图2.2-24 渐变调和广告

图2.2-25 渐变自然光

图2.2-26 渐变树叶

图2.2-27 渐变调和练习/范丹红

图2.2-28 反复配色作品

图2.2-29 冷暖色制衡的效果

图2.2-30 阿尔卑斯山

第二节 训练二——色彩搭配技巧

（3）色彩意象配色特征

① 冷色相表现

冷色、黑色、灰浊的颜色有收缩感，如蓝色、蓝绿、蓝紫等都是典型的冷色。物体通过表面的冷色相可以给人们寒冷或凉爽的感觉（图2.2-31）。

② 暖色相表现

暖色、白色、艳丽的颜色有膨胀感，如红、橙、黄等都是典型的暖色。暖色相给人带来扩张及迫近视线的感觉，也让人产生温暖的感觉（图2.2-32）。

③ 刺激感表现

使用对比色容易引起人的注意，也容易使人兴奋、激动、紧张、冲动。另外，红色、橙色是对人刺激性很强的色彩，容易造成视觉疲劳（图2.2-33）。

④ 自然感表现

自然的调和是指海和山、树木和花卉等自然的配色，使用柔美的色调、用自然的颜色容易吸引人的目光。虽然自然的配色中使用了多种色相，但因为明度和纯度相似，所以看起来温馨、舒适（图2.2-34）。

图2.2-31　冷色相组图

图2.2-32　暖色相组图

图2.2-33 刺激感色彩组图

图2.2-34 自然感色彩组图

⑤ 高级感表现

色彩的高级感主要是以低纯度来实现的,同时若带有部分光泽能增加高档次的效果。这种色彩给人带来权威、力量、强烈、坚定的感觉(图2.2-35)。

⑥ 优雅感表现

去繁从简,多选纯色或者是同色系配色可以营造女性化的高级感。如无色系黑色、白色、灰色,浅色系裸色、米色、粉色,艳色系红色、紫色,都能展现出女性高雅柔和的形象和大气从容的魅力(图2.2-36)。

⑦ 活泼感表现

纯粹的色彩比其他任何一种色彩形象都更引人注目。个性鲜明、给人以强烈冲击感、鲜艳跳跃的色彩永远是表达快乐心情的最直接的手段(图2.2-37)。

⑧ 俏丽感表现

粉色有着可爱、温馨、娇嫩、青春的象征意义,紫色有着神秘、浪漫的象征意义。以粉色和紫色为主的颜色混在一起,能够展现出女性活泼、俏丽的一面(图2.2-38)。

图2.2-35 高级感色彩组图

图2.2-36 优雅感色彩组图

图2.2-37 活泼感色彩组图

图2.2-38　俏丽感色彩组图

⑨ 舒适感表现

在颜色中加入一定的白色使得纯度降低、明度提亮，这些颜色便具有了安静、平和、寂静、温馨的舒适感觉（图2.2-39）。

⑩ 传统感表现

黄色介于黑白赤橙之间，是诸多颜色的中央之色，备受中华民族的推崇。黄色象征皇权，是皇室特用的色彩，皇宫、寺院以黄、红色调为主，王府官邸则以红、青、蓝色调为主（图2.2-40）。

⑪ 现代感表现

具有现代感的色相主要是用灰色、白色等无彩或低纯度的冷色系来表现，这些色彩给人一种时尚、硬朗、轻快的现代气息（图2.2-41）。

⑫ 怀旧感表现

怀旧的色彩是在纯色中加入约6倍的中灰色而产生的浊色。因为其彩度较低，较为灰暗，所以原来的色彩性质也就变弱，让人感觉枯萎和平静。原木色表现出人们对自然、对田园的渴求，其自身古朴、怀旧的气质造型贴切地演绎了复古风格（图2.2-42）。

图2.2-39　舒适感色彩组图

图2.2-40　传统感色彩组图

图2.2-41　现代感色彩组图

图2.2-42　怀旧感色彩组图

2. 知识拓展

（1）色彩体系——奥斯特瓦尔德、NCS、孟塞尔、PCCS

色彩体系（色立体）是指以三度空间形式来表达色相、明度和纯度秩序的色彩模型。

意义：清晰认识色彩三要素的秩序关系，有助于我们对色彩进行寻找观察、分析定名、记录整理、提炼概括、演绎发挥、表达运用等。

目前比较通用的色彩体系有四种，分别是：德国奥斯特瓦尔德色彩体系、瑞典NCS色彩体系、美国孟塞尔色彩体系和日本PCCS色彩体系（图2.2-43）。

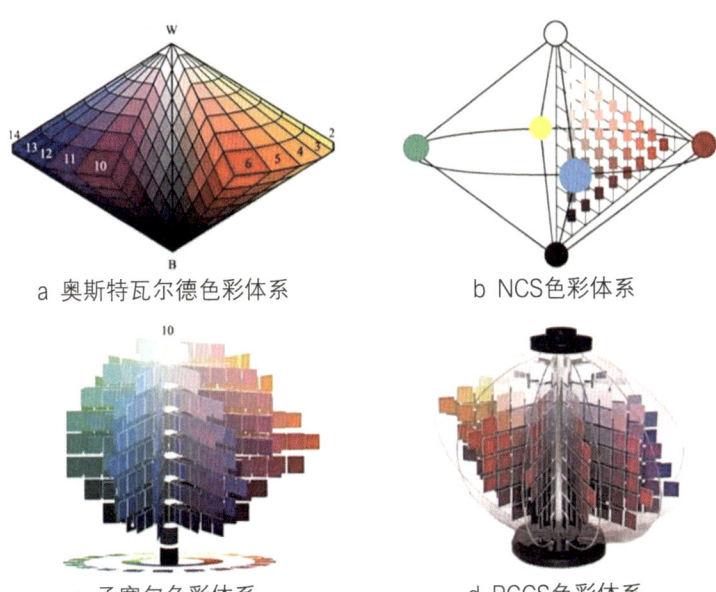

a 奥斯特瓦尔德色彩体系　　b NCS色彩体系

c 孟塞尔色彩体系　　d PCCS色彩体系　　图2.2-43　色彩体系组图

① 奥斯特瓦尔德色彩体系

• 基本理论

奥斯特瓦尔德（简称奥氏）是元老级的色彩体系，是以三角形回转而成的复圆锥体。由德国化学家威廉·奥斯特瓦尔德（Wilhelm Ostwald）于1920年发表，他的主要依据是画家用颜料来调色的办法：用饱和度最高的单色颜料，依次添加白色和黑色，形成不同明度、饱和度等的色相三角形。一切色彩都是由纯色C与适量的白色M、黑色B混合而成的。即：白量（W）+黑量（B）+纯色量（C）= 100（总量）。

• 表色体系

色相：奥斯特瓦尔德色彩体系以黄（Y）、橙（O）、红（R）、紫（P）、蓝（UB）、蓝绿（T）、海绿（SG）、叶绿（LG）为8个基本色相，将各基本色相分为3个色阶，形成24色的色相环，再按顺时针方向自黄至绿将各色相以1~24的编号标定（图2.2-44、图2.2-45）。

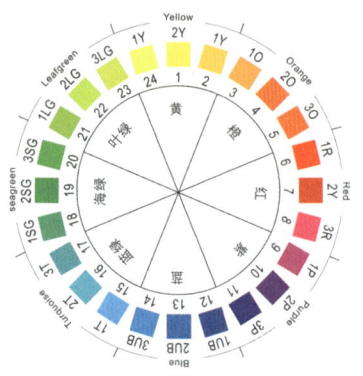

图2.2-44 奥氏色相环

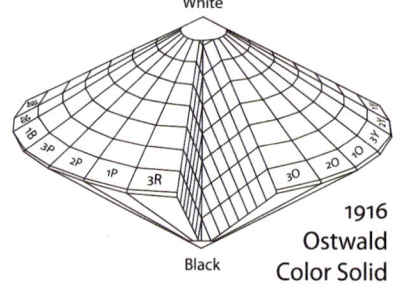

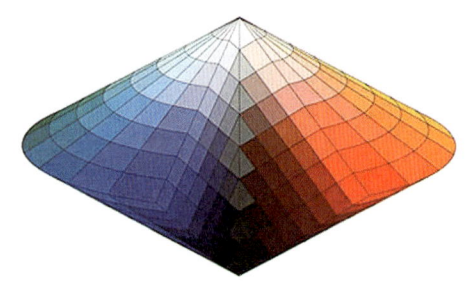

图2.2-45 奥氏色彩体系示意图

明度:每个三角形片称为三角色立体表。垂直轴为明度系列,共分8个阶段,从顶部的白到基部的黑,中间分别以字母a、c、e、g、i、l、n、p表示。每个字母表示该色的白色与黑色含量。作为色标的白(a)比理论上的白多含11%的黑,黑色标(p)比理论上的黑多含3.5%的白(表2.2-1)。

纯度:中心轴上的无彩色纯度值为0,由内而外纯度值逐渐增高,最外围的顶点为该色相的最高纯度色,形成同一色相面的等边三角形(图2.2-46)。

表2.2-1 奥斯特瓦尔德立体记号黑白量表

符号	w	a	c	e	g	i	l	n	p	b
含白量	100	89	56	35	22	14	8.9	5.6	3.5	0
含黑量	0	11	44	65	78	86	91.1	94.4	96.5	100

图2.2-46 奥氏色彩体系黄蓝纵截面/图片来自维基百科

② NCS色彩体系
• 基本理论
NCS色彩体系的早期研究始于1611年,20世纪20年代在瑞典得到发展,1979年,瑞典色彩研究所正式发布了NCS,全称是Natural Color System,中文名是自然色彩体系。NCS是很"自然"的,你看到什么颜色它就是什么颜色。NCS在当今社会是一个非常实用的颜色空间,在欧洲的工业、商业、设计行业很常用。

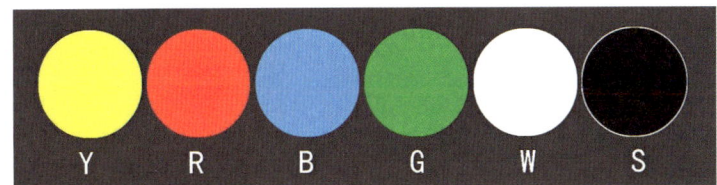

图2.2-47 NCS的基本色

NCS的基本色是黄、红、蓝、绿四色,其理论根源是来自色彩视觉理论中、德国物理学家赫林(E. Herins)的四色学说,加上黑和白,NCS是用6个基本色混合出来的色空间(图2.2-47)。在NCS三维的立体模型中,空间的上下两头是两种非彩色基本色,顶端是白色,底端是黑色。在中间部位由黄、红、蓝、绿四种彩色基本色形成一个色相环。在这个立体体系中,每一种颜色都占有一个特定的位置,而且和别的颜色有密切的联系。

• 表色体系

NCS色相环上的黄、红、蓝、绿四种原色,把圆环分为四个象限,每一个象限又分为100个等级。要想判别某一个颜色的色相,首先要判别出该色相坐落于哪个象限内,然后再判别产生这一色相所需两个原色的相对份额。以象限Y-R为例,从Y到Y50R,黄对红的饱和度逐步削减;从Y50R到R,红对黄的饱和度逐步增加,直到R原色为止。用百分比来阐明颜色的这种标法,例如一个颜色的标号为Y70R,就表明这个颜色中红色对黄色有70%的优势,而黄仅仅占到30%。三角形的W代表白,S代表黑,即立体的顶端和底端,C代表一个纯色。

用NCS判断颜色时,由目测判断该颜色中含有彩色基本色和非彩色基本色的相对多少。NCS的三角形中有两个标尺:纯度标尺阐明一个彩色基本色与其他彩色基本色的挨近程度;明度标尺阐明一个颜色与黑色的挨近程度,这两种标尺被均分为100等份。NCS规定,任何一种颜色所包括的总数量为100,即W白+S黑+C彩色基本色=100,其详细的计算方法如下(图2.2-48):

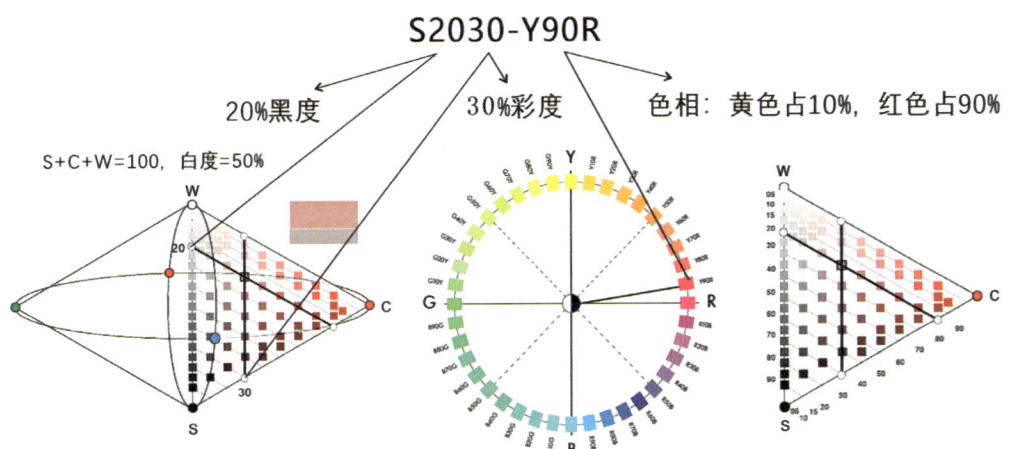

图2.2-48 颜色值为2030-Y90R的读取方法
颜色值为2030-Y90R,2030表明该颜色包括有20%的黑和30%的彩色基本色,也即是说,该颜色还有100%-20%-30%=50%的白。在30%的原色中,Y90R表明色相,也即是与黄色Y与红色R之间的对应联系,Y90R表示红色占彩色基本色的90%、黄色占彩色基本色的10%。没有色相的灰色以-N来表明,即非彩色基本色。其范围从500-N(白色)到9000-N(黑色)。NCS颜色编号前的字母S表明NCS第2版样本。

③ 孟塞尔色彩体系
• 基本理论
孟塞尔色彩体系是目前国际上被广泛采用的表示颜色的体系，也是现代建筑设计、室内设计等最常用的表色系统，主要由美国色彩科学家孟塞尔（Munsell，1858—1918年）创造，美国光学会于1943年对其进行了修订。孟塞尔色彩体系主要通过色相、明度及纯度三个维度来描述颜色，这个颜色描述系统是第一个把色相、明度和纯度分离成感知均匀和独立的尺度，并且第一个系统地在三维空间中表达颜色关系。其对颜色的分类和标定符合人的心理逻辑学，与人的颜色视觉相近，进而使人更容易理解（图2.2-49、图2.2-50）。

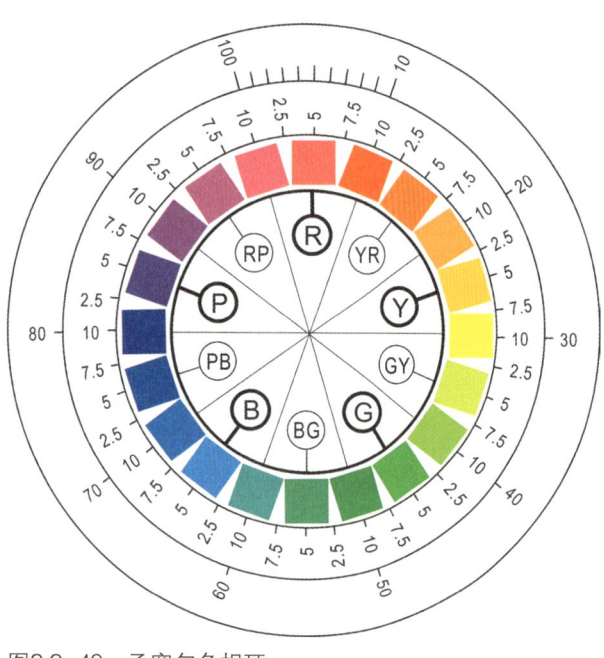

图2.2-49　孟塞尔色相环

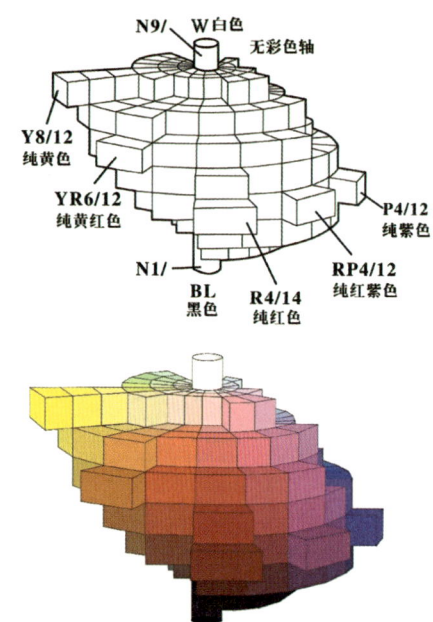

图2.2-50　孟塞尔色彩体系示意图

• 表色体系
孟塞尔将色彩空间划分为色相、明度和纯度三个维度，孟塞尔色立体的中心轴（N）由下到上为：黑→灰→白的明暗系列构成，并以此为色彩的明度标尺，以黑（BK或BL）为0级，而白（W）为10级，共11级明度；中心轴至表层横向水平线为纯度轴，以渐增的等间隔均分为若干纯度等级，由于色相中各色的纯度值高低不一，这就使色立体中各纯色色相与中心轴水平距离长短不一。孟塞尔色彩体系包括5种主要色相：红（R）、黄（Y）、绿（G）、蓝（B）、紫（P），以及5种中间色相：黄红（YR）、绿黄（GY）、蓝绿（BG）、紫蓝（PB）、红紫（RP）。每种色相又可分成10个等级，每种主要色相和中间色相的等级都定为5。孟塞尔色彩体系用数字表示色彩，以H表示色相，V表示明度，C表示纯度，具体形式为HV/C=色相明度/纯度。例如，纯红色为5R4/14，5R是色相，4是明度，14是纯度。所有色彩都根据所创建的孟塞尔色彩空间的色相、明度和纯度进行三维排列（图2.2-51）。

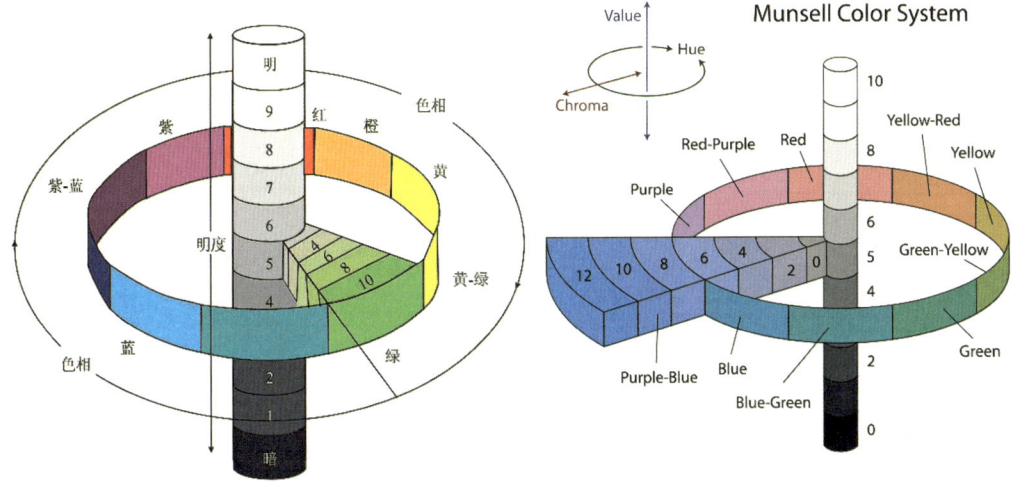

图2.2-51 孟塞尔色相、明度和纯度构成原理

④ PCCS色彩体系
• 基本理论
PCCS（Practical Color coordinate System）是日本色彩研究所在1964年发布的色彩体系，其最大的特点是将色彩的三属性关系，综合成色相与色调两种观念来构成色调系列。它从色调的观念出发，平面地展示了每一个色相的明度关系和纯度关系，从每一个色相在色调系列中的位置，明确地分析出色相明度、纯度的成分含量。

• 表色体系
PCCS色彩体系为依照色彩学的物理特性开发的实用配色系统，色相以2红、8黄、12绿、18蓝（赫林的四色学说）为基础，以等视觉差调成24个主要色相，在圆周上顺时针排列；明度设置白色为9.5，黑色为1.5，它们之间每0.5分为一级，共17级；纯度从无彩色到纯色设置为9级，将明度的高低和纯度的强弱给予综合考虑，引入色调的概念，并将无彩色划分成5种色调，有彩色划分为12种色调，每个色调都有对应的形容词及缩写代称，如纯度最高的色调命名为Vivid，意思是鲜艳夺目的，缩写为V，又称纯色调。12种有彩色色调分别是：淡色调P、浅色调lt、灰色调g、暗灰色调dkg、浅灰色调ltg、轻柔色调sf、浊色调d、暗色调dk、明亮色调b、强烈色调s、深色调dp、鲜艳色调v（图2.2-52、图2.2-53）。

PCCS也是目前全世界最常用的色彩体系之一，在平面、服装、建筑、室内等各个设计领域都有广泛运用。它侧重于实践运用，特别在形象设计中应用较多（图2.2-54）。

四大色彩体系各有优势，在实际应用的过程中，不同行业需根据色彩设计目的、行业惯例、国际规范等不同要求选择合适的色彩体系，以提高色彩工作的效率。

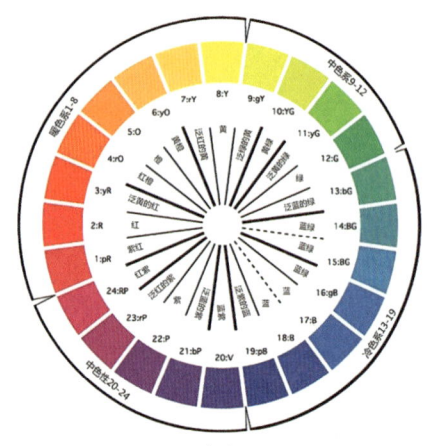

图2.2-52　PCCS色相环

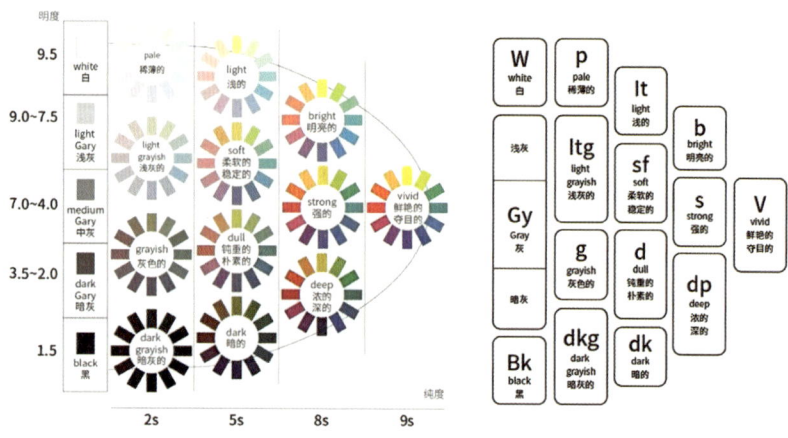

图2.2-53　PCCS色相环部分色调的分类与命名

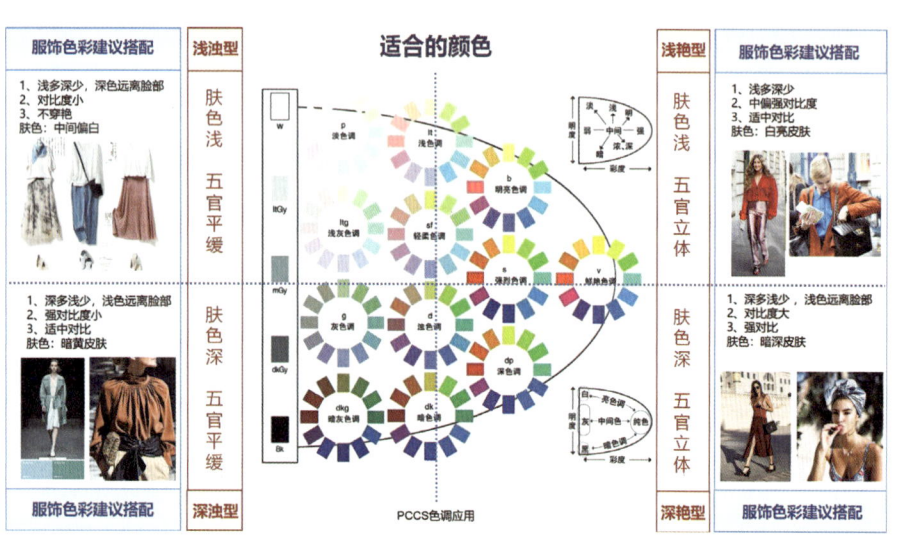

图2.2-54　PCCS色彩形象诊断
根据人的肤色和五官特征进行服饰色彩搭配，可将人分为四个类型。①浅浊型人（绝大多数亚洲人）：浅多深少，弱/中对比度，深色离脸越远越好。②浅艳型人：40%～50%浅艳单品，可穿所有色调，用色法则为浅多深少，中偏强对比度，深色离脸越远越好。③深浊型人：平滑硬挺、高品质面料，浅灰色调+青，深多浅少，规避大面积浅色，弱/中对比度，浅色离脸越远越好。④深艳型人：可穿9个色调，深多浅少，用色法则为规避大面积浅色，中偏强对比度，浅色离脸越远越好。

（2）色彩量化——色彩形象坐标分析法

色彩形象坐标分析法是日本色彩设计研究所（NCD）建立的色彩体系，在孟塞尔色彩学原理的基础上将色彩的意义从形象上进一步系统化、体系化、数据化。形象坐标从"事例、体系、模式"的角度，对有关技术进行定量、定性处理。色彩的形象坐标图可以客观分析颜色，并能分析判断某色彩的应用效果。它把所有的颜色以其视觉效果分为横坐标X轴C&W，即冷（cool）到暖（warm），纵坐标Y轴S&H，即柔软（soft）到坚硬（hard），也就是软和硬两轴体系。这样就把各种颜色感觉，用空间的距离来描写，从而形成了可轻松辨别、对比所有颜色印象差异的视觉效果图。

NCD建立的色彩体系，将各个配色词语笼统地分成华丽、稳重和清爽3种类型，表示配色的整体印象。华丽包括：可爱的、闲适的、动感的、豪华的、粗犷的五种。稳重包括：浅淡的、自然的、精致的、雅致的、古典的、考究的、古典的&考究的、正式的八种。清爽包括：清爽的、冷·闲适的、现代的三种（图2.2-55）。

- M（中央部）——优雅、时髦、潇洒等。
- WS（暖·软）——娇美、轻快、浪漫、自然等。
- WH（暖·硬）——动态、华丽、古典等。
- CS（冷·软）——浪漫、清爽、明快、自然等。
- CH（冷·硬）——现代、潇洒等。

色彩形象坐标分为：语言形象坐标图，单色形象坐标图，三配色、五配色形象坐标图等（图2.2-56、图2.2-57）。通过坐标分析能够广泛地、多方

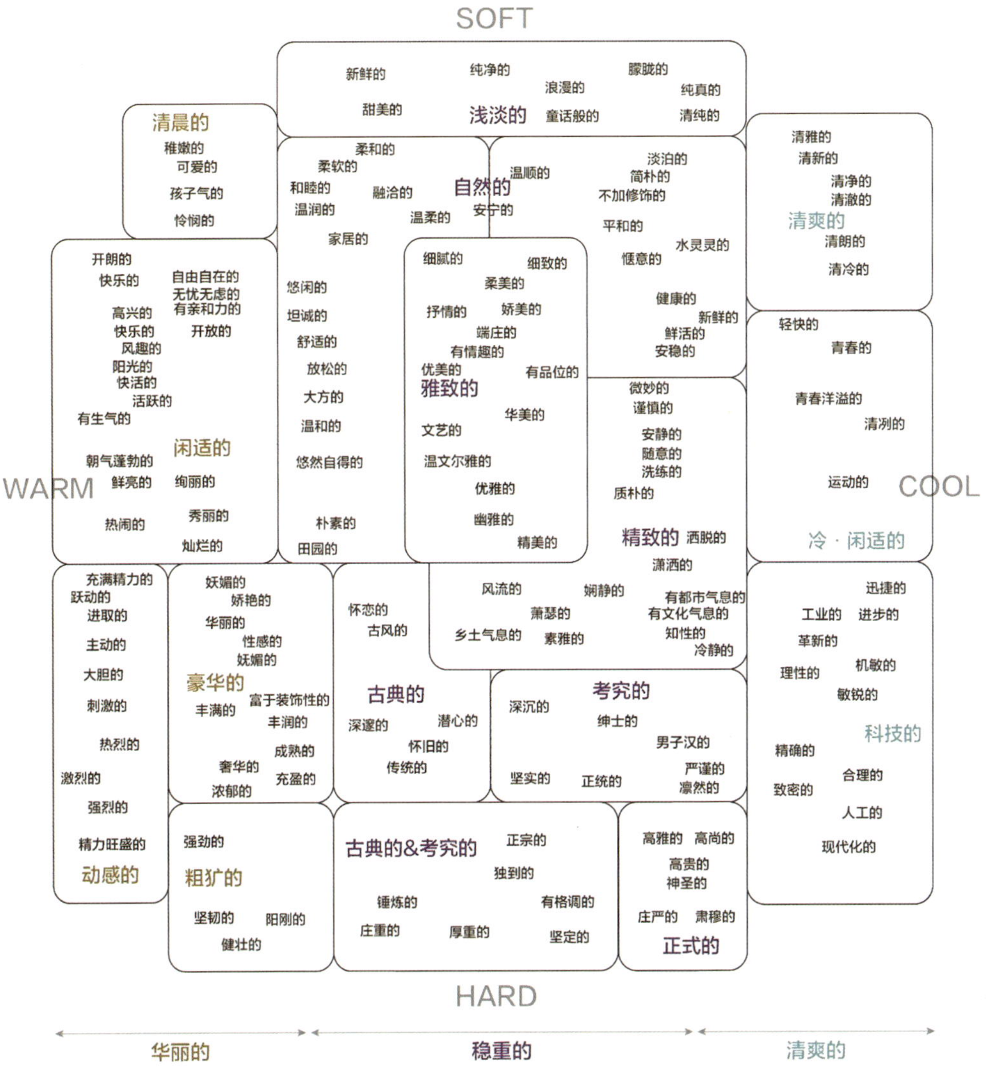

图2.2-55 色彩形象坐标图

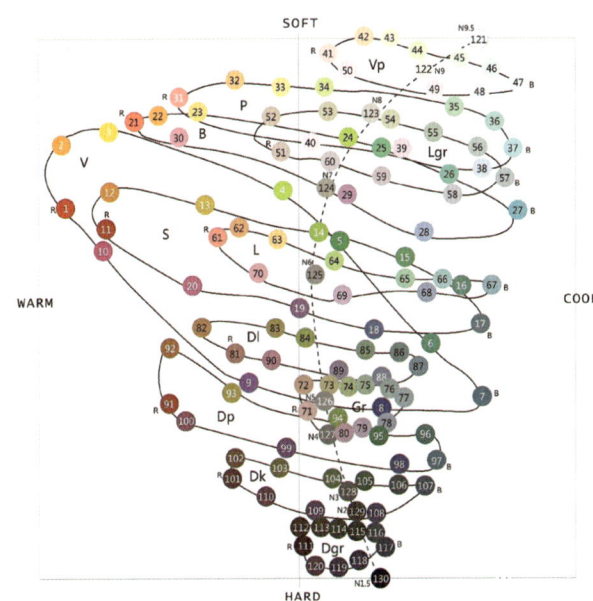

图2.2-56 单色形象坐标图

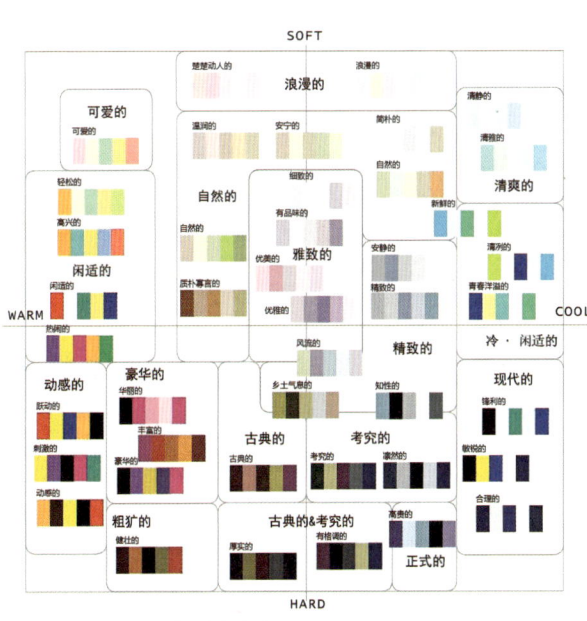

图2.2-57 五配色形象坐标图

图2.2-58 室内空间色彩坐标分析　　　　图2.2-59 购物类App色彩坐标分析

图2.2-58中是个带有古典气息的现代餐厅，所选用的色彩组合位于坐标H、C部位，营造出考究的、有格调的感觉，亮白色的墙壁搭配冰咖啡色的工笔花鸟壁纸，明净雅致。搭配深牛仔蓝的窗帘，同金属装饰相得益彰，宁静中带有高贵感。银白色的地毯上是深色木质餐桌椅，素灰色的天鹅绒包布餐椅与地毯的搭配典雅低调。

面地灵活运用，易于比较研究，能够延伸出各种各样的色彩设计思路（图2.2-58、图2.2-59）。

（3）色彩健康与功效

① 色彩与食物

食物颜色和健康有着紧密的联系。不同颜色的食物有不同的营养成分，据《黄帝内经》记载："五行有五色，五脏有五行，五色入五脏，五行者金木水火土，对应五色白青黑红黄，对应五脏肺肝肾心脾"。

在中医"五色配五脏"的食疗理论中，红色食物养心，红色为火、为阳，故红色食物进入人体后可入心、入血，大多具有益气补血和促进血液循环的作用；黄色食物养脾，五行中黄色为土，因此，黄色食物摄入后，其营养物质主要集中在中医所说的中土（脾胃）区域；绿色食物养肝，绿色（含青色和蓝色）入肝，多食绿色食品具有舒肝强肝的功能，是良好的人体"排毒剂"；白色在五行中属金，入肺，偏重于益气行气，故白色食物养肺；五行中黑色主水，入肾，因此，常食黑色食物更益气补肾（图2.2-60、图2.2-61）。

② 色彩与安全

在交通工具的运行中，为了便于控制和安全，需要传递各种信息，因此色彩作为视觉信号的一个因素显得尤其重要。"安全色"便是在有效地利用色彩的物理性质以及所赋予的心理作用，以防止灾害发生的指导思想下产生的。大多数编码色彩严格来说都是一种安全色，这种颜色和图形的结合已经成为一种国际通用的视觉语言，在人类生活和工作环境中发挥着重要的作用（图2.2-62、图2.2-63）。

图2.2-60 五色食物图例

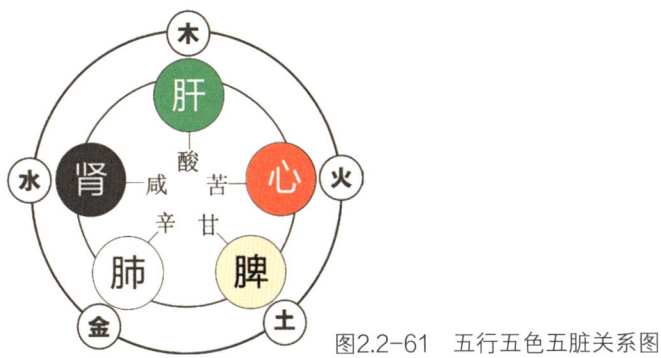

图2.2-61 五行五色五脏关系图

图2.2-62 安全、交通符号

一般情况下交通标志颜色的基本含义如下。
a. 红色：表示禁止、停止、危险，用于禁令标志的边框、底色、斜杠，也用于叉形符号和斜杠符号、警告性诱导标志的底色等。
b. 黄色或荧光黄色：表示警告，用于警告标志的底色。
c. 蓝色：表示指令、遵循，用于指示标志的底色；表示地名、路线、方向等行车信息，用于一般道路指路标志的底色。
d. 绿色：表示地名、路线、方向等行车信息，用于高速公路和城市快速路指路标志的底色。
e. 棕色：表示旅游区及景点项目的指示，用于旅游区标志的底色。
f. 黑色：用于标志的文字、图形符号和部分标志的边框。
g. 白色：用于标志的底色、文字和图形符号以及部分标志的边框。
h. 橙色或荧光橙色：用于道路作业区的警告、指路标志。
i. 荧光黄绿色：表示警告，用于注意行人、注意儿童等的警告标志。

图2.2-63 校车颜色配置

第二节 训练二——色彩搭配技巧

3. 专题实训与作品展示

课题一：色彩构成基础练习

课题内容：色环、色彩推移、色彩空混练习。

建议课时：4课时。

训练目的：从理论到实践，通过色环、色彩推移、色彩空混练习加深对色彩三属性的理解。

教学方式：按照色相、明度、纯度变化规律完成色轮或者色彩推移表现，根据课时量选择一种完成练习。

课题要求：a. 色轮：以圆形为基础，色轮具体造型自由发挥。以色相变化规律排成的圆环，也可以同时展开明度和纯度的推移变化。

b. 色彩推移：将色彩形成条状，根据平面构成变化规律组合画面构图，做明度、纯度、色相推移练习。

作业图例：参见图2.2-64、图2.2-65。

图2.2-64　色环练习/张婧、黄晓涵、张潇虹、陈佳圆、杨洁、孙兰等

图2.2-65　色彩推移练习/石惠、丁笑笑、黄验茹、隋晓斐

课题二：色彩采集——寻找生活中的色彩

课题内容：采集生活中的色彩。

建议课时：4课时。

训练目的：通过色彩采集提取色彩，可作为色彩参考图表，在实际应用时灵活应用。

教学方式：收集画报、图片或者摄影照片资料，选择自己喜欢的色彩完成色彩采集。

课题要求：a. 在自然界风景、静物、时尚服饰、产品、建筑等内容中提取色彩，按主题组合，完成9张。

b. 将收集的色彩颜色的小样制作出来，也可以用软件取色，标注RGB或CMYK等色值。

作业图例：参见图2.2-66至图2.2-70。

图2.2-66　色彩采集1/廖可钰

图2.2-67　色彩采集2/虞霄

第二节　训练二——色彩搭配技巧

图2.2-68　色彩采集3/徐亚妮

图2.2-69　色彩采集4/杨洁

图2.2-70　色彩采集5/叶雨含

课题三："速感情绪"色彩练习

课题内容：快速描绘自己的情绪。

建议课时：4课时。

训练目的：此课题重在培养学生对色彩的感知能力，在生活场景观察和感受的基础上，促使学生有目的地欣赏并进行分析、研究、想象、创造，快速地捕捉色彩。

教学方式：让学生快速画出他们的情绪，可以扩大焦点区，探讨色彩在生活中的表现能力以及它所表现的意义。当完成作品后进行比较，可以发现学生对于某些色彩和情绪的关联，有共性和个性的区别。

课题要求：a. 从愤怒、喜悦、悲伤、爱情、嫉妒、平静6个词语中描绘色彩感觉。
　　　　　b. 保持个人作品风格尺寸统一，方形比例。
　　　　　c. 工具建议：水粉、水彩。
教学难点：a. 画面情感色彩的把控。
　　　　　b. 画面的肌理效果与色彩的结合运用。
作业图例：参见图2.2-71至图2.2-74。

a 愤怒　　　　　　b 嫉妒　　　　　　　　　a 愤怒　　　　　　b 嫉妒

c 爱情　　　　　　d 喜悦　　　　　　　　　c 爱情　　　　　　d 喜悦

e 平静　　　　　　f 悲伤　　　　　　　　　e 平静　　　　　　f 悲伤

图2.2-71　情绪色彩练习1/杨倍　　　　　图2.2-72　情绪色彩练习2/陈灵莉

第二节　训练二——色彩搭配技巧

a 愤怒　　　　　　b 嫉妒　　　　　　c 爱情

d 喜悦　　　　　　e 平静　　　　　　f 悲伤

图2.2-73　情绪色彩练习3/高山

a 愤怒　　　　　　b 嫉妒　　　　　　c 爱情

d 喜悦　　　　　　e 平静　　　　　　f 悲伤

图2.2-74　情绪色彩练习4/王聆烟

将四位同学画的情绪色彩进行比较，可以看出他们对色彩有相近的感觉，因个性差异表达略有不同。如愤怒的表达一般都会用到红色，平静的表达用到蓝色或紫色，并且伴随着平行线描绘。

课题四：色调控制能力训练

课题内容：色调对比调和关系练习。

建议课时：4课时。

训练目的：通过色调对比调和关系练习，进一步提高学生对色彩配色组合的认识，使其掌握对色调的控制能力，以便更好的进入专业课程的学习。

教学方式：让学生先设计好画面构图，强调色彩的三属性及色彩搭配规律，控制颜色，不宜太多，通过冷暖调、艳灰调、明暗调等来对色调进行相关训练。

课题要求：a. 只变色不变图形，可以用所学色彩知识进行组合，色调组合可考虑冷暖调、艳灰调、明暗调等。

b. 每小幅不超过六色，面积为10cm×10cm，共完成6小幅，装裱在A3卡纸上。

教学难点：色彩调性是本节难点，必须掌握配色规律，并结合实践循序渐进。

作业图例：参见图2.2-75至图2.2-79。

a 冷色调

b 暖色调

图2.2-75 色调冷暖对比练习/余敬

图2.2-76 色调练习1/丁笑笑

图2.2-77　色调练习2/王晓郡

图2.2-78　色调练习3/蔡佳敏

a 邻近色

b 对比色

c 中差色

d 高明度

e 低明度

f 低纯度

图2.2-79　色调练习4/陈菲
色调从明度上分，由黑到白、等差分为9级，形成明度系列，每级之间为一度明度，可分为低明度基调、中明度基调、高明度基调、短调、中调、长调；从纯度上分，可分为鲜纯色调、中纯色调和灰色调；从色相上分，又可分为红色调、蓝色调、绿色调、紫色调等。

课题五：主题色彩配色训练

课题内容：主题色彩配色训练。

建议课时：4课时。

训练目的：通过色彩的配色练习，围绕色彩在产品、环境与平面设计等领域的应用，使学生掌握色彩设计的基本方法。

教学方式：任意选择一主题，在产品、环境空间、平面设计、服装服饰等方向进行色彩配色方案练习。

课题要求：a. 对于设计主题进行前期调研，按照定位进行分类。
　　　　　b. 设定好色彩基调，合理安排构图，版面内容丰富。

作业图例：参见图2.2-80至图2.2-84。

图2.2-80 丝巾配色设计1/莫涵月、陆晓敏

图2.2-81 丝巾配色设计2/朱雨童、李妙戈、单逸茗、朱海疆、邵柯玮

图2.2-82 西湖主题文创贺卡设计/朱乾伟

图2.2-83 雪地靴配色设计/学生作业

图2.2-84 水果色彩创意设计/蒋依铭

第二节 训练二——色彩搭配技巧

第三节 训练三——色彩文化

1. 知识链接

（1）中国传统色彩审美
（2）外国传统色彩审美

2. 知识拓展

（1）民间色彩
（2）壁画色彩
（3）禅意色彩

3. 专题实训

课题一：传统艺术作品色彩采集
课题二：中外艺术作品色彩重构
课题三：意象主题色彩创意
课题四：立体空间的色彩创意
课题五：传统色彩应用配色分析

【思政小课堂】
中国传统色彩文化可以说是历代政治、经济、社会生活、民俗风情、文学艺术，以及思想观念与审美情趣的一个缩影，所涉内容丰富，且应用范围极广，服饰、建筑、绘画、瓷器、工艺品等传统文化艺术，都少不了色彩的身影。这是祖先取之于自然，留给我们的宝贵财富。我们一定要保护好、继承好、发展好。

本节案例的思政教育目标有以下几点：
目标一，责任与担当，以"以生为本"为指导理念，加强当代大学生的责任担当教育。
目标二，坚持文化自信，通过对"中国传统五色审美"的探索与发掘，培养学生民族自豪感。
目标三，传承与创新，"真善美"的统一，让"工艺"与"理念"有机结合，诠释"传承与创新"的工匠精神，激发学生民族文化创新创造活力。

1. 知识链接

（1）中国传统色彩审美

① 五色观

据史书《周礼·考工记》记载："画缋之事，杂五色。东方谓之青，南方谓之赤，西方谓之白，北方谓之黑，天谓之玄，地谓之黄。"这是目前我国最早关于"五色观"色彩理论的记载，由此也形成了我国传统色彩的美学观念。五色与方位相连形成的方位色也是影响深远的传统色彩理论。这五种颜色的象征性进一步与"堪舆""风水"结合起来，应用到建筑选址、奠基、平面布置、立面处理的工程实践上。这种传统一直延续至清代社稷坛的色彩格局（图2.3-1）。

中国传统的五色观，并非独立静观的存在，而是一个全息式的整体思维系统，其真正意义上的思想确立，得益于中国传统思想的"五行观"。五行"金、木、水、火、土"分别对应了"白、青、黑、赤、黄"五本色。

《尚书·洪范》中这样记载"五行"："一曰水，二曰火，三曰木，四曰金，五曰土。水曰润下，火曰炎上，木曰曲直，金曰从革，土爰稼穑。润下作咸，炎上作苦，曲直作酸，从革作辛，稼穑作甘。"因此，传统"五色"受其影响，同样具有五行的属性，色彩通过五行与天地、阴阳、方位、季节、声音、五脏、五味等进行广泛的联系（表2.3-1）。

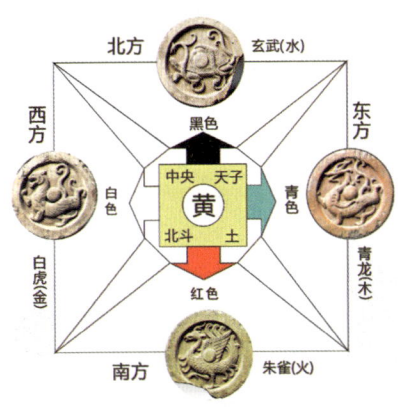

图2.3-1 五色说方位色

赤色代表火，对应南方，象征夏季，指朱雀；黄色代表金，对应中央，指黄龙；青色代表水，对应东方，象征春季，指青龙；白色代表土，对应西方，象征秋季，指白虎；黑色代表木，对应北方，象征冬季，指玄武。

表2.3-1 五行五候五色五味五声五方关系表

	🟢	🔴	🟡	⚪	⚫
五行	木	火	土	金	水
五候	春	夏	季夏	秋	冬
五色	青	赤	黄	白	黑
五味	酸	苦	甘	辛	咸
五声	角	徵	宫	商	羽
五方	东	南	中（地）	西	北

② 传统绘画色彩

中国传统绘画，立足"东方哲学"，并不对景写实，更多是借物表达内心感受，描摹"意境"。"天地玄黄，宇宙洪荒"，在古人观念里，色彩与生俱来。天空是深邃的玄色，大地是辽阔的黄色。五行"金木水火土"构成了天地万物的物质基础，五色"青红黄白黑"则构成了大千世界的缤纷色调。中国传统色彩，主要源自矿物、植物、金属、动物、人工混合等，尤其是矿物颜色，浓郁厚重，不易褪色。

• 《千里江山图》

北宋王希孟所绘《千里江山图》在设色和笔法上继承了隋唐以来的"青绿山水"画法，以石青、石绿等矿物颜料为主，同时也应用植物色花青和墨设色，极具装饰性，而矿物、植物颜色融合使用，将中国画色彩的表现力发挥到了极致。画中全景式展现了大宋王朝的锦绣山川，远看似是从天外俯瞰一片遥远而又金碧辉煌的山川；近观宝蓝色的群山连绵翻涌，碧绿的大江在群山间蜿蜒飘动，无边的云霞在千山万壑之中蒸腾（图2.3-2、图2.3-3）。

• 《步辇图》

唐代画家阎立本所绘《步辇图》描绘了贞观十五年（641年），唐太宗下嫁文成公主于吐蕃王松赞干布的联姻事件。作品画面中大量使用了"朱砂"色彩，设色浓重，为了突出喜庆的场面，左侧使者较大面积的"丹"色衣裳与右侧仕女身上的"红色"衣纹相互呼应，画面均衡。而仪仗中"青"的介入，打破了画面的沉闷。一张一弛、一柔一刚、一丹一青的对比手法，衬托出了人物个性及关系（图2.3-4、图2.3-5）。

图2.3-2 千里江山图（局部）/王希孟/北宋

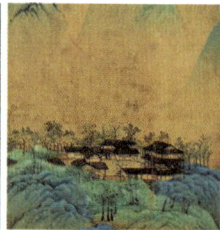

图2.3-3 千里江山图（局部及配色）

图2.3-4 步辇图（局部）/阎立本/唐

图2.3-5 步辇图（局部及配色）

- 《虢国夫人游春图》
唐代张萱的画作《虢国夫人游春图》，原作已佚，现存的是宋代摹本，绢本设色。画面再现唐玄宗宠妃杨玉环的三姐虢国夫人及其眷从盛装出游的场景。通过劲细的线描和色调的敷设，浓艳而不失秀雅，精工而不板滞。从监乘浅黄色骏马，戴乌纱冠，着虾青色窄袖侧领衫，袖口有描金的鸾凤团花；侍女乘菊花青马，着胭脂红窄袖衫，下衬红花白锦裙；虢国夫人姐妹乘着浅黄雄健的骅骝，为全画的中心点，淡描娥眉的脸庞，身着淡青色窄袖上衣，披白色花巾，胭脂色大裙，裙下微露绣鞋。画面洋溢着雍容、自信、乐观的盛唐风貌。画中设色不多，主要为青、绿、粉红等鲜艳的色彩，以白颜色间隔，使画面整体和谐，达到艳而不俗的效果（图2.3-6、图2.3-7）。

- 《汉宫春晓图》
《汉宫春晓图》是中国十大传世名画之一，被誉为中国"重彩仕女第一长卷"。作品以春日晨曦中的汉代宫廷为主题，描绘宫中缤纷生活和佳丽百态。全画构景繁复，画中的人物置于绿树丛林、潺潺流水、鸟语花香中，引人对"春晓"遐想无限，显示着积极向上、热爱生活的人文思想；画面以工笔重彩的笔法设色表现，妍雅鲜丽，朱红的院墙，绿色和蓝色的琉璃瓦流光溢彩，给人一种朝气蓬勃的氛围。画中的服饰风格近似于唐朝，而园林风格、门内掩映的家具造型近似于明朝（图2.3-8、图2.3-9）。

图2.3-6 虢国夫人游春图（宋代摹本）

第三节 训练三——色彩文化

图2.3-7　虢国夫人游春图（局部及配色）

图2.3-8　汉宫春晓图/仇英/明

图2.3-9　汉宫春晓图（局部及配色）

③ 传统陶瓷色彩

陶瓷是中华民族传统文化的瑰宝。中国的陶瓷有多种装饰方式，但最重要的是彩绘装饰。陶瓷艺术的装饰色彩不仅能够给予人们美的感受，同时也体现了中华民族传统文化的精神和中国古代劳动人民的信仰。陶瓷之美在于造型、在于釉色、在于纹饰。陶瓷釉色之美在于质地、在于细节、在于人工与自然巧妙结合的神韵。

• 红釉

红釉，中国人偏爱红色，寄情吉祥、富贵的意蕴。被誉为"千窑一宝"的红釉瓷，以其特有的民族风格，成为世界陶瓷史上一颗明珠。宋代钧窑的铜红釉灿若晚霞，玫瑰紫釉蓝紫交叠，典雅端庄；元代釉里红纹饰细致，层次分明；明代釉色鲜红，施釉均匀，釉面莹润；清代"郎窑红"色彩绚丽明艳，具有强烈的玻璃光泽，釉层薄处色如鸡血红，釉层厚处色如初凝牛血，越往器物底部红色越浓艳，也称"美人醉釉"。除此之外还包括霁红、豇豆红、牛血红、胭脂红、盖雪红等釉色，均为传统釉红器物中的佼佼者（图2.3-10）。

• 青釉、绿釉

青釉是瓷器最早的颜色釉。所谓"青釉"，颜色并不是纯粹的青，多为青中泛黄、泛灰或者泛绿，有月白、天青、粉青、梅子青、豆青、豆绿、翠青等20多种派生的青釉颜色。青釉成熟于清康熙年间，经过雍正朝的发展，在乾隆年间达到精致，应该说这一时期的青釉瓷烧制技术已经达到了历史最高峰。青釉特点为釉色古雅、沉稳，釉面均匀、滋润，釉质坚致、细腻。

绿釉瓷最早现身于汉代。宋代定窑所烧造的绿釉被后世称为"绿定"，釉色均匀而青翠。明代绿釉以孔雀绿色为主，色如孔雀尾翎上的翡绿羽毛，碧翠雅丽。清代康熙的"郎窑绿"，釉色呈稳定的翠绿色，釉面上带有玻璃般的光泽。另外，清代绿釉瓷还包括瓜皮绿、鹦哥绿、湖水绿、苹果绿、松石绿等丰富釉色（图2.3-11）。

a 钧窑玫瑰紫釉尊

b 清康熙郎窑红釉琵琶尊

c 清康熙郎窑红釉凤尾尊

图2.3-10 红釉瓷

a 八棱秘色瓷净水瓶

b 清康熙苹果绿釉梅瓶

c 清乾隆孔雀绿釉饕餮纹象耳尊

图2.3-11 青釉瓷、绿釉瓷

• 蓝釉

蓝釉以氧化钴为呈色剂，最早见于唐三彩，宋代钧窑以天蓝釉为主色调，元代景德镇烧成了高温蓝釉瓷，明清时又烧成了霁蓝、洒蓝、天蓝、孔雀蓝等蓝色釉瓷。雍正时期创新的"青金蓝釉"细腻精致，隐露于蓝釉之中的白色斑点，仿佛飘落的雪花。乾隆时期再为蓝釉添上描金装饰，令瓷器色彩愈加丰富与华美（图2.3-12）。

• 青花瓷

青花瓷又称白地青花瓷。青花装饰打破了白瓷的单调，使白色瓷器更加优美，也显出青色的雅丽。明宣德青花瓷呈凝重透骨的深蓝色，明成化、正德年间的青花瓷现淡蓝色泽，倍觉秀美，明嘉靖、万历年间的青花瓷为浓蓝色，虽浓艳强烈却不露火气，大度而鲜明。至清康熙时，青花瓷发展到了顶峰。明清时期，还创烧了青花五彩、孔雀绿釉青花、豆青釉青花、青花红彩、黄地青花、哥釉青花等衍生品种。

景泰蓝釉色有天蓝、青金石、浅绿、深绿、鸡血红等，明代景泰年间的工艺技术达到巅峰，使用的珐琅釉多以蓝色为主，配以少量的红、白、黄、绿等色，统一的色调绽放出宝石般的光芒，配上考究的装饰纹样，浑厚的质感下神秘华丽、气场十足（图2.3-13）。

④ 传统服饰色彩

在古代皇室的服饰中，黄色、黑色、赤色等正色的运用较多。同时，统治阶级为维护自身利益而建立起一套等级分明的礼制，有着一整套严格、明确的用色制度，每次的改朝换代都要对不同品级、不同场合的用色制定严格的规则。黄色代表五行中构成万物之源的土、五方之中的中，也就天经地义代表了华夏的正色。从隋朝开始"黄袍加身"就意味着登上了龙位，一直延续到清朝，黄色始终是皇权的象征（图2.3-14）。此外，唐朝还规定：三品以上官员服紫，四品深绯、五品浅绯、六品深绿、七品浅绿、八品深

a 霁蓝釉梅瓶

b 清康熙洒蓝釉描金花卉纹带盖糊斗

c 清雍正天蓝釉双龙耳瓶

图2.3-12 蓝釉瓷

a 清雍正青花缠枝四季花卉纹抱月瓶

b 明宣德青花折枝三果纹梅瓶

c 景泰蓝

图2.3-13 青花瓷、景泰蓝

青、九品浅青。宋代做了一定简化：一至四品为紫色，五六品为绯色，七八九品为绿色。明代尚赤，以赤为尊，一品至四品的官服均为绯色，五品至七品为青色，八品九品为绿色。明朝非常重视礼制，强调品官服饰之间的等级界限，力求达到"见服而能知官，识饰而能知品"的效果。清朝在明朝补服的基础上，融合了满族特有的文化气质，形成新的官员服饰"补子"。通过补服的图案，可以清晰地辨析官员的大小，"文官飞禽，武官走兽"是清朝官服补服的特征（图2.3-15）。

• 秦汉时期

自秦汉开始，五行学说自上而下地影响着当时的色彩审美，黑色成为了至尊色。汉代确立了完整的服装服饰制度，规定正色只许皇帝贵族使用，普通老百姓的服饰只能用茶褐色、黄棕色、灰色、粉绿色等间色；还出现了为迎合节气所用的"五时服色"，即春用青、夏用红、季夏用黄、秋用白、冬用黑（图2.3-16至图2.3-18）。

图2.3-14　唐太宗李世民

a 文官一品/仙鹤　b 文官二品/锦鸡　c 文官三品/孔雀　d 文官四品/大雁　e 文官五品/白鹇　f 文官六品/鹭鸶　g 文官七品/鸂鶒　h 文官八品/鹌鹑

i 文官九品/练鹊

j 武官一品/麒麟　k 武官二品/狮子　l 武官三品/豹子　m 武官四品/老虎　n 武官五品/熊　o 武官六品/彪　p 武官七八品/犀牛　q 武官九品/海马

图2.3-15　清朝官服补子

图2.3-16　汉代皇帝冕服图　　　　图2.3-17　汉代男子的曲裾深衣　　　　图2.3-18　汉代灰地菱纹袍服图

• 隋唐时期

隋文帝根据五行色的要求，确定朝服尚赤，戎服尚黄，常服为杂色。黄色成为皇帝的御用服色始于隋代。唐以后，除天子外一律不准僭用柘黄色，以示帝王的位尊权重。除禁忌色外，民间服饰色彩依然相当丰富，不仅织物色彩明快张扬，在配色上还突出色相的强烈对比。红、紫、黄绿、粉彩各色应有尽有，选择色彩也各随所愿（图2.3-19）。有诗云："石榴花发街欲焚，蟠枝屈朵皆崩云。千门万户买不尽，剩与女儿染红裙"（图2.3-20）。贵族妇女以红色衣裙占大多数，身穿窄袖上襦，肩搭白色披帛，下着描金花红裙（图2.3-21）。

• 宋元时期

宋代服饰趋向于收敛，色彩不如前代艳丽。宋代服饰色彩在程朱理学的影响下，从盛唐时期的浓墨重彩转变为简约的单色对比，质朴简雅成为当时的新风尚（图2.3-22）。妇女的上衣通常采用粉绿、淡紫、银灰、青葱等淡雅的间色，而裙子则选择青、绿、蓝、杏黄等鲜艳色彩，在服色的搭配上更重视变化与统一（图2.3-23、图2.3-24）。袆衣是皇后受册、祭奠和参加朝会等大型事务时的礼服，深青织成，并饰以五彩翟纹（图2.3-25）。

图2.3-19　唐朝齐胸高腰襦裙/捣练图（局部）/赵佶/北宋

图2.3-20　唐朝石榴裙

图2.3-21　簪花仕女图（局部）/周昉/唐

图2.3-22　宋代襕衫/五百罗汉图轴·应身观音（局部）/周季常/宋

图2.3-23　宋代褙子

图2.3-24　宋代女子服饰

图2.3-25　宋代皇后袆衣/北宋皇后坐像

• 明清时期

明清服饰色彩更加细腻繁盛，色彩种类多达数百种。清朝官员服饰是指在清朝政府中有正式职位官员的官方着装，正式名称即前文所讲的补服。清代皇帝服饰有朝服、吉服、常服、行服等种类（图2.3-26）。皇帝的龙袍以明黄、金黄或杏黄等亮黄色为主色，上绣九条龙，除了官服，后宫嫔妃的服装配饰也很讲究，以区分等级。如彩帨是清代后妃、福晋、夫人所用的一种佩巾，多以绸缎制成，佩挂于朝褂的第二颗纽扣上（图2.3-27）。彩帨以色彩及所绣的纹饰区分等级。据《大清会典》所载，皇后用绿色并绣五谷丰登纹，妃绣云芝瑞草，嫔则不绣花纹；皇子福晋用月白色，不绣花纹，实物和档案记载中还有绛色、蓝色等颜色。

a 黄缎绣云龙冬吉服袍

b 蓝缂丝云龙单朝袍

c 红色缎绣云龙镶银鼠边男冬朝袍

d 月白缂丝云龙单朝袍

图2.3-26　清朝龙袍、朝袍

图2.3-27 清朝彩帨

⑤ 传统建筑色彩

中国古代建筑因地域的不同，呈现出不同的色彩特点。皇家建筑气势恢宏，红墙红柱黄瓦彩画，重彩金碧、辉煌富丽；江南园林寺观，白墙黑柱青瓦，水墨写意、平和淡泊；陕北黄土风情建筑，稳重大气、严谨深沉，色彩朴质温暖（图2.3-28至图2.3-31）。

中国古代建筑注重色彩的艺术，在建筑装饰中善于使用色彩。建筑物上的色彩缤纷，颜色种类繁多，是我们特有的民族特色。如影壁也称"照壁"，是宫殿、皇家园林、礼制坛庙正门对面的建筑物，其中北海九龙壁做工最为精美，七色蟠龙于波涛云秀之中，形态生动、栩栩如生，整个影壁色彩绚丽、古朴（图2.3-32）。建筑色彩一般分为两大类：第一类是建筑材料的自然色彩，例如木质材料的色彩、石料本身的色彩；第二类是古代匠师们对于古建筑的雕饰与彩绘。

建筑施彩的主要对象为斗拱、飞檐、门、窗等，追求"金铺玉户""重轩镂槛""雕梁画栋"等效果。"雕梁画栋"是对房屋富丽堂皇的形容（图2.3-33）。"雕梁"是为了适应人的审美需求，木梁上整个雕绘戏文、图案等，通常以木雕、砖雕、石雕三种形式。南方建筑偏重于"雕梁"，而北方则在梁枋上作画，这种形式叫做"画栋"，"画栋"是指彩画装饰。彩画的形式有很多种，明清彩画相对成熟，主要分和玺彩画、旋子彩画、苏式彩绘三大类（图2.3-34）。

图2.3-28 故宫

故宫的主要宫殿都在屋顶铺设琉璃瓦，金黄色与青绿色彩画、红色立柱形成对比，富丽堂皇，汉白玉的石阶、护栏，晶莹无暇，亮丽耀眼，雍容华贵。红黄两色是明清皇家建筑的专属色彩，红是火的象征，是先民一直崇拜的颜色；"天玄而地黄"，黄代表着土地，古人认为土居中，故黄色为中央正色，居诸色之上。故宫的整体配色体系是："朱红墙柱、黄绿瓦面、青绿梁枋、白色栏杆"，整体效果华丽庄重。

图2.3-29 江南园林

江南园林色彩印象：白墙黑瓦、灰色的假山、栗色的窗和柱、绿色的树，碧水、翠竹、蓝天，构成了一幅高雅、鲜明、幽静的画面，体现出清、淡、雅、素的艺术特色，使人在其环境中感到心情愉悦、高尚，色彩的运用与其功能达到了完美的统一。

图2.3-30 徽派建筑

徽派建筑色彩的特点：高低错落的马头墙，清一色的白墙黑瓦，洗练的线条，简单的黑白灰色彩组合，轻巧简洁、古朴典雅，在绿水青山的映衬下，显出一派宁静祥和。

图2.3-31 陕北地区建筑

陕北地区的晋派建筑：陕北地区包括了山西、陕西、甘肃、宁夏及青海部分地区。晋派建筑在于它气势恢宏的城楼、大院等，斗拱飞檐，彩饰金装，砖瓦磨合，精工细作。深沉而雄健的黄土地上，上百间房屋错落有致，都展现出晋商的稳重大气，严谨深沉。

图2.3-32 北海九龙壁

中国现存三大琉璃影壁中，北京北海九龙壁是唯一的双面壁，做工最为精美。壁高6.65米，厚1.42米，面阔25.86米，底座为青白玉石台柱，上有绿琉璃须弥座。

图2.3-33 雕梁画栋

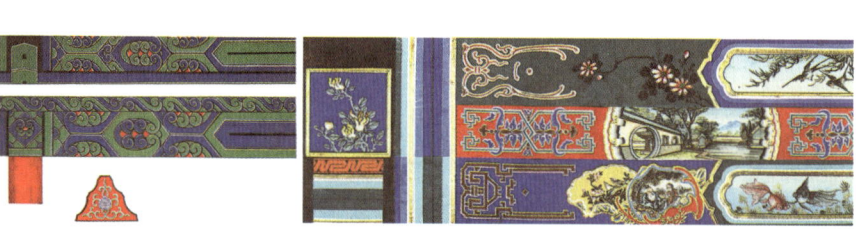

图2.3-34 梁枋彩画

建筑彩画在色彩使用技法上基本为两种：一是平涂法，要求颜色涂得均匀；二是色晕法，即色彩的退晕，要求表现色彩深浅渐变有序，富有层次感。建筑彩面主要使用的颜料有胭脂、槐花、石青、石绿、朱砂等，有时也使用少许红色，但用青、绿、蓝色较多，呈现青绿冷色调。建筑彩画一般在屋面下的暗部，使人觉得建筑具有明部雄壮与暗部细巧的对比，暖色与冷色的对比。这种建筑远看雄伟壮丽，近观丰富多彩且又耐人寻味。

（2）外国传统色彩审美

① 古埃及色彩

古埃及绘画具有鲜明的地域民族特色。它们是用线条造型、填色，构图有的是平面展开，有的是在一条横线上安排人物、景物，不受透视局限，画面饱满，疏密均匀，空白处配以象形文字，具有强烈的装饰艺术效果。古埃及人经常使用的颜色是红、黄、蓝三种，黑白两色是勾线使用。绿色使用得也较多，但没有那么普遍，并且有限制，比如描绘荷花的绿叶等。此外埃及壁画的固定色彩程式是：男子皮肤为褐色，女子为浅褐或淡黄，头发为蓝黑，眼圈为黑色。对颜色的纯度极为重视，艺术家们绘画物体经常先把一种颜色完成，然后再使用下一种颜色，最后以工笔勾勒以及增添有限的内部细节（图2.3-35）。

② 日本色彩

日本历史上曾定橘黄色、深红色、青色、深紫色分别为皇太子、太上皇、天皇、亲王的礼服用色，尤其是深红色和深紫色，更不准皇室以外的人使用，这种规定一直持续到1945年。日本民间艺术中，当以浮世绘的色彩具有很高的艺术价值。浮世绘，是日本江户时代（也叫德川幕府时代）兴起的一种独具民族特色的艺术奇葩，是典型的"花街柳巷"艺术。浮世绘常被认为专指彩色印刷的木版画（日语称为"锦绘"），但事实上也有手绘的作品。在亚洲和世界艺术中，它呈现出特异的色调与丰姿，历经三百余年，影响深及欧亚各地。浮世绘最初以"美人绘"和"役者绘"（戏剧人物画）为主要题材，后来逐渐出现了以相扑、风景、花鸟以及历史故事等为题材的作品。画面的着色，开始只有黑白两色，后逐步发展为简单彩色（图2.3-36、图2.3-37）。

对于风景绘，基本上是运用蓝色、青色、黄色、绿色、红色这五种颜色进行绘画。为了增强画面的丰富性以及加强视觉效果，绘师们会增加暖色调，如红色、黄色或是偏暖的绿色等，来保持画面色彩的平衡（图2.3-38至图2.3-43）。

图2.3-35 古埃及壁画
古埃及的色彩中，红色代表混沌与无序，是土地和火的颜色，也被视为最有力量的颜色，象征着生命和保护。黄色代表永恒、不朽和坚不可摧。它是女性皮肤的颜色，也是升起后太阳的颜色。绿色代表幸福，是植被的颜色，象征新的生活和复活（和黑色一起）。蓝色代表天空、神权以及水，比如每年泛滥的洪水的颜色。古埃及人喜欢蓝铜矿、青金石珠宝首饰及其镶嵌的器物。白色是纯洁、神圣和简洁的颜色。工具、神圣的物件，甚至祭司的凉鞋，都是白色的。服装往往只是未染色的亚麻布，通常也被描绘成白色。黑色寓意为繁衍、新生、复活，是尼罗河淤泥的颜色，也象征掌管复活的死亡之神，被认为是地下的颜色。

图2.3-36　高名三美人/喜多川哥麿/18世纪末/大幅绢本

图2.3-37　剧场内（部分）/歌川丰国/大幅绢本

图2.3-38　名所江户百景·龟户天神境内/歌川广重

图2.3-39　大桥骤雨/歌川广重

图2.3-40　名所江户百景·蓑轮金杉三河岛/歌川广重

图2.3-41　名所江户百景·深川州崎十万坪/歌川广重

图2.3-42　神奈川冲浪里/葛饰北斋

图2.3-43　凯风快晴/葛饰北斋

葛饰北斋是日本浮世绘艺术史上最具影响和最有成就的代表画家之一。《神奈川冲浪里》采取极低的视角表现波涛翻涌的海浪和岿然不动的富士山之间的动静对比，在惊人的巨浪和颠簸的小船之间形成了巨大的反差，白色和蓝色为一组，粉色配蓝色，画面扁平，更直接，整张作品都保持了冷暖色调的平衡。

③ 印度色彩

印度人经常使用的颜色为金色、红色、绿色。印度的织物多采用大量的金色图案或金色线条，喜爱用金色、银色、黑色做轮廓或是镶边，呈现出和谐的光泽和亮丽的色彩（图2.3-44、图2.3-45）。

④ 非洲、美洲色彩

在非洲、美洲等地，有很多原住民，他们喜欢佩戴色彩夸张的饰物，并且在身体、面部用鲜艳的颜色涂抹，这些用色习惯和他们的劳动、祭祀、审美习惯息息相关（图2.3-46）。

⑤ 古罗马时期色彩（建筑）

古罗马时期的建筑色彩沿袭了古希腊人的建筑色彩。古希腊人的建筑风格特点主要是和谐、单纯、庄重和布局清晰，而且古希腊人的生活受控于宗教，白色是光明、纯洁的象征色，艺术上追求缤纷多变的装饰性，色彩与光呼应，用补色创造出许多不同的效果。古罗马时期的建筑主要采用白色大理石和黄褐色花岗石，壁画和雕刻的装饰部分涂有红、蓝、黄、绿、黑等色彩（图2.3-47、图2.3-48）。

图2.3-44 印度织物色彩

图2.3-45 印度婚礼服装色彩

图2.3-46 非洲服饰

图2.3-47 美杜莎头像马赛克地砖/希腊国家考古博物馆

图2.3-48 雅典卫城的帕特农神庙

2. 知识拓展

（1）民间色彩

纵观中国古代的色彩艺术史，有两条清晰可见的发展脉络：一条是宫廷士大夫的色彩艺术，另一条是民间色彩艺术。民间色彩艺术品种繁多，色彩装饰范围十分广泛，具有鲜明的民族风格和地方特色，其中蕴含着民族的心理和民族的精神。由于各民族、各地区人民的生活方式、历史文化、风俗习惯、宗教信仰以及自然环境不同，形成的色彩艺术风格特色和审美观念也不一样。中国民间色彩艺术从总体上讲多用红、绿、黄、紫、蓝、青、桃红、黑、白等纯色，色彩鲜明，富于装饰性，是东方色彩艺术的典范（图2.3-49至图2.3-53）。

（2）壁画色彩

中国是一个多民族的国家，不同地域、不同民族形成了各自不同的色彩信仰和审美文化。民族传统色彩深受儒、释、道等中华传统文化的影响和熏陶，并带有不同民族、不同地域风俗的文化特征，以及浓厚的象征寓意。中国传统色彩体系以"五色"为主体，创造了以不同主色调为中心的配色形式。五种颜色的组合用在壁画、绘画等方面，体现了人们对生活的热爱，对辉煌世界的向往（图2.3-54至图2.3-56）。

图2.3-49 陕西凤翔布贴绣

图2.3-50 陕西凤翔泥塑坐虎

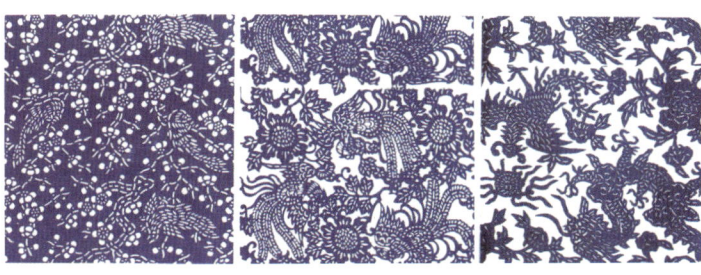
图2.3-51 蓝印花布

图2.3-52 杨家埠年画

第三节 训练三——色彩文化

图2.3-53 剪纸艺术

民间美术色彩口诀（传统的色彩搭配原则）

1. 红靠黄，亮晃晃。
2. 要想精，加点青。
3. 青间紫，不如死。
4. 想要俏，带点孝。
5. 软靠硬，色不楞。
6. 粉青绿，人品细。
7. 黑白灰，怪丧气。
8. 紫靠黑，丑得哭。
9. 红搭绿，一块玉。
10. 红间黄，喜煞娘。
11. 艳不俗，淡相宜。
12. 断国孝，三蓝墨。
13. 文相软，武相硬。
14. 青紫不并列，黄白不随肩。
15. 黄马紫鞍配，红马绿鞍配。
16. 紫是骨头绿是筋，配上红黄色更新。
17. 光有大红大绿不算好，黄能托色少不了。
18. 色多不繁，色少不散。
19. 女红、妇黄、寡青、老褐。
20. 头色不过四，身色勿过三。
21. 藤黄加赭而老。
22. 正红忌深紫。

图2.3-54 云南松赞林寺壁画

图2.3-55　伎乐飞天/莫高窟第420窟壁画/隋

图2.3-56　飞天/莫高窟第158窟壁画/中唐

永乐宫壁画，是中国现存寺观壁画中规模最宏大、题材最丰富、画技最高超的典型代表。其壁画艺术继承了唐宋的绘画传统，形成了鲜明的时代特征，在中国绘画史上具有承上启下的作用和意义。永乐宫壁画中的精华为《朝元图》，描绘的是群仙朝谒元始天尊的情景，总共绘制了286个人物形象。永乐宫壁画采用了传统的重彩勾填法，以石青、石绿为画面主体颜色，并加入棕褐、赫石、朱砂等单纯的色调进行点缀。在人物冠冕饰物的用色方面，画家使用了"堆金沥粉"的方法，用花纹突出画面，增强了壁画的立体效果。色彩厚重而丰富，装饰性强，绚烂夺目（图2.3-57）。

敦煌莫高窟壁画，作为我国传统壁画艺术的瑰宝和精髓，对色彩有着极强的表现力，通过各种不同性质的色彩对比、互相衬托，相互穿插，以达到色彩互和，神气生动。敦煌壁画的色彩运用奔放厚重，视觉效果强烈，朱砂、香妃、空青、钴蓝、红珊瑚、密陀僧……向我们展示出另一个更细致、更诗意的色彩体系。《鹿王本生图》是莫高窟第257窟壁画的主要题材，创作于北魏，其中最突出的是它的色彩特征（图2.3-58）。"鹿王本生"描述了释迦牟尼前生是一只九色鹿王，他救了一个落水将要淹死的人反被此人出卖的故事。壁

图2.3-57　朝元图（局部）/元

①九色鹿搭救溺水者；②溺水者跪鹿前谢恩　③王后梦见九色鹿，要求国王捕捉鹿；④溺水者告密

⑤国王围捕九色鹿；⑥九色鹿在国王前讲述救溺水者始末；⑦国王放走九色鹿，王后心碎而死，告密者得到报应

图2.3-58　鹿王本生图/莫高窟第257窟壁画/北魏

画以温和的暖土红为底色，与石青、石绿形成鲜明的冷暖对比，在黑、灰、白的配合下形成了单纯、明快、浑厚、朴实的暖色调。暖色为前进色，冷色为后退色，中深色、中间色、浅色的层次重叠、透叠，使壁画具备了空间效应。

（3）禅意色彩

"禅意"指以自然、简淡、清寂的内容为基础所营造出的一种感知效果，现在运用于环境空间的营造，已逐渐演绎为一种闲花落水、禅香袅娜的舒缓宁静的生活美学，以及追逐诗意自然的回归的生活态度。苏东坡有云："茶笋尽禅味，松杉真法音。云崖有浅井，玉醴常半寻。"从"禅"中闻"茶"香，从"茶"中品"禅"味，禅茶的色彩效果，整体上常运用层次丰富的灰白、浅木色调营造氛围，比如苔古、绿云、缟羽、茶色、软翠、青骊等不同层次的灰白色棉麻软配饰、背景墙及地毯，配以温暖、明亮的灯光，这种色彩搭配，无须冥想就能创建平静并且抚慰人心，带来宁静而精巧的视觉体验（图2.3-59至图2.3-61）。

在日本京都的寺庙中，石头与沙子被僧人用来呈现自然与宇宙。将禅宗精神与山水画意境相结合，用有形之物凝结住无形的意蕴，便形成了日本独有的"枯山水"。在枯山水中，没有园林设计中常见的活水与开花植物，只有无生命的石头与白砂。寺院中的僧人们把平铺在庭院之中的白砂犁出不同的走势，伴以姿态各异的大小石块，便形成了一幅流动的山水画：大川、海洋、云雾，高山、海岛、瀑布、波纹、涟漪、浪花等。通过简化、凝缩、留白的手法，剥离一切多余的表象，只剩下亘古不变的本来面目。柔和的灰绿色、鸟蛋绿、万年青，体现了人们对大地之美的向往，而柔和蓝、百合白和沙漠鼠尾草则带来了飘渺的特质（图2.3-62）。

图2.3-59 禅茶色彩配色1

图2.3-60 禅茶色彩配色2

图2.3-61 禅意色彩空间营造

图2.3-62 日本寺庙中的枯山水

3. 专题实训

课题一：传统艺术作品色彩采集

课题内容：传统艺术作品色彩鉴赏与提取。

建议课时：2课时。

训练目的：深入学习传统艺术作品的色彩原理，了解传统色彩的用色规律与寓意，通过对传统色彩采集、分析，发现中国传统色彩美学，继承和发扬中国传统文化。

教学方式：了解颜色的具象与象征意义，中国五色观，正色、间色的关系，整理中国传统文化色谱。
课题要求：a. 从传统绘画、民间艺术中寻找素材，完成色彩提取练习。
　　　　　b. 比对传统色彩色谱，标注色彩名称，并分析颜色寓意及画面控制等。
教学难点：中国传统色彩源于天地万物、衣食住行，中国古人既重视植物色和矿物色的呈现，又重视颜色功能，传统色彩定名很讲究，需要查询很多资料，从文化、历史、艺术等角度解读理解。
作业图例：图2.3-63至图2.3-65。

图2.3-63　传统艺术作品色彩提取1

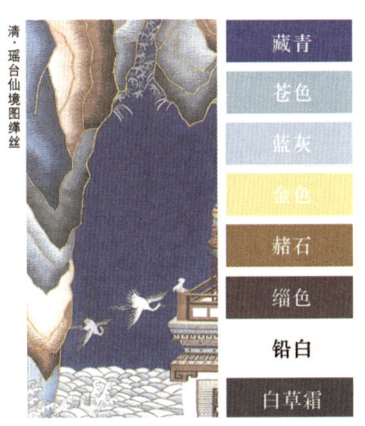
图2.3-64　传统艺术作品色彩提取2

图2.3-65　传统艺术作品色彩提取3/郭晓丽

课题二：中外艺术作品色彩重构

课题内容：中外艺术作品色彩提取与重构。
建议课时：8课时。
训练目的：深入学习传统艺术作品的色彩原理，了解传统色彩用色规律与寓意，通过分析、采集、概括、重构，发现新的色谱、新的色彩形式、新的色彩形象，创造性地表现色彩。
教学方式：学生应明确资料收集的方向，吸收民俗、地域色彩，培养色彩感觉。选择一种中外传统美术造型形式，提取颜色并应用于新的画面效果中去。
课题要求：a. 从民间艺术中寻找素材，如剪纸、皮影、景泰蓝、民间玩具等色彩浓郁的艺术形式，也可发掘国外的异域色彩。
　　　　　b. 将原来物象中美的、新鲜的色彩元素注入新的组织结构中，使之产生新的色彩形象。作业的图形可以通过提取素材中的图形元素，对其进行抽象化形态的组合设计来得到。
　　　　　c. 在做色彩重构练习之前，可以将所有采集的色彩制作成色标，以供后面的色彩运用，完成的画稿最后装裱或编排整齐。
教学难点：训练敏锐的观察力和艺术感受力非常重要，如何提炼、归纳用于创作之中是难点。
作业图例：参见图2.3-66至图2.3-72。

图2.3-66　传统艺术作品色彩重构1/叶彤

图2.3-67　传统艺术作品色彩重构2/朱修瑾

图2.3-68　传统艺术作品色彩重构3/程晨

图2.3-69　传统艺术作品色彩重构4/陶慧慧

图2.3-70　传统艺术作品色彩重构5/隋晓斐

图2.3-71　传统艺术作品色彩重构6/王晓郡

图2.3-72 传统艺术作品色彩重构7/楼之余
作者广泛搜集创作素材,分析原图的色调、面积、形状,抽取其中典型色彩的个体或部件特征,进行色彩的搭配与重构,最终创作出了一幅幅风格迥异的作品。作品基本把握了画面主色调的意象精神特征,在重新组织色彩形象时,注入自己的表现意念。

课题三:意象主题色彩创意

课题内容:意象主题色彩的创意练习。

建议课时:4课时。

训练目的:培养学生根据意象表达方式,借助色彩的认识、感受,强化色彩表现中的情感,摆脱色彩训练中模仿自然色彩的束缚,提高学生对设计色彩的表现能力。

教学方式:主要让学生从色彩想象的扩散表现过渡到色彩多意性表现,让学生可以选择自己喜爱的音乐、熟悉的城市、爱吃的食物、周围人的情感等主题训练,主题参考如下。

　　　　　城市景点:雷峰夕照、曲院风荷、断桥残雪、三潭印月。

　　　　　节气季节:春、夏、秋、冬。

　　　　　经典乐曲:《二泉映月》《卡门》《梁祝》《四只小天鹅》。

课题要求:a. 多种色调,不同图形表现,用所学色彩知识进行有意识组合。

　　　　　b. 每块面积为12cm×12cm,每组完成4张,装裱在A3卡纸上。

　　　　　c. 色彩要能反映出主题相应特点,不限色。

教学难点:a. 通过画面打散重构的方式,化具象为抽象,注意画面的形式美感。

　　　　　b. 需要注意画面的概括能力、意境表达及色彩匹配度。

作业图例:参见图2.3-73至图2.3-80。

图2.3-73 色彩意象练习——西湖之春夏秋冬/陈灵莉

第三节 训练三——色彩文化

图2.3-74　色彩意象练习——春夏秋冬1/范丹红

图2.3-75　色彩意象练习——春夏秋冬2/张珊

图2.3-76　色彩意象练习——春夏秋冬3/姚欣蕙

图2.3-77　色彩意象练习——春夏秋冬4/孙梁波

图2.3-78 色彩意象练习——节气色彩1/丁俊豪、高昕莹

图2.3-79 色彩意象练习——节气色彩2/俞珂颖

二十四节气，是中华民族历史文化的重要组成部分，其命名反映了季节、物候现象、气候三种变化，表达了人对自然独特的时空观念，蕴含着中华民族悠久的文化内涵和历史积淀。了解二十四节气的知识，以色彩概括二十四节气特征，能够进一步体会中国传统文化及色彩美学。

a 梦境·花海　　　　b 音乐·The truth that you leave　　　　c 美食·牛奶　　　　d 城市·上海

图2.3-80 色彩印象练习——音乐/许璐

第三节 训练三——色彩文化

课题四：立体空间的色彩创意

课题内容：立体空间的色彩创意练习。

建议课时：4课时。

训练目的：以立体、空间色彩创意为主题，让学生发挥想象力，将色彩意象语言运用到立体作品创作中。

教学方式：从传统文化、东西方经典设计作品、影视作品等题材中提取色彩，完成立体造型色彩创意。

课题要求：a. 可提前准备好立体道具，两人一组，每小组题材一样。
　　　　　b. 每组完成一个系列作品，并构思创意文案及作品名称。

教学难点：需要注意道具的选择、色彩空间展示及色彩寓意的表达。

作业图例：参见图2.3-81至图2.3-83。

图2.3-81　作家意象色彩联想/陈沛佳

　a 作品组图　　　b 亚威农少女　　　c 舞台上的舞女　　　d 戴珍珠耳环的少女　　　e 撑阳伞的女人

图2.3-82　艺术家笔下的女性/陈星逸

这组石膏作品将西方名画色调与日本传统元素相结合，以名画中的女性为主题。

图2.3-83 流淌的颜色/陈佳圆、赵芳华、蒋心怡

课题五：传统色彩应用配色分析

课题内容：中国传统色彩配色分析。

建议课时：4课时。

训练目的：通过中国传统色彩知识分析，探讨中国传统色彩的发展脉络、寓意内涵及情感表达，继承和发扬中国传统文化的色彩美学。

教学方式：针对中国传统色彩应用，分析服饰、舞蹈妆容、陶瓷、绘画、建筑、电影等的色彩。

课题要求：a. 可提前准备好立体道具，两人一组，每小组题材一样。

b. 每组完成一个系列作品，并构思创意文案及作品名称。

教学难点：资料信息的梳理及色彩寓意的提炼。

作业图例：图2.3-84、图2.3-85。

图2.3-84 《唐宫夜宴》舞蹈妆容及服饰色彩分析/黄柯、王翔翔、鲁吴越、王鹏、候昱

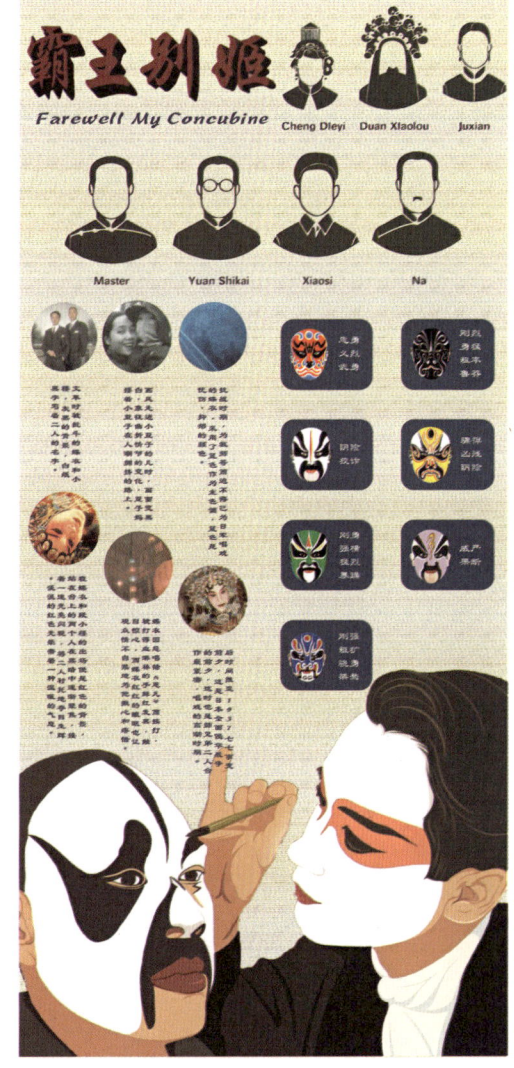

图2.3-85 《霸王别姬》电影色彩分析/祝嘉敏、邵沁怡、蒋若男、赵亚楠

第三节 训练三——色彩文化

第三章

色彩设计应用

第一节　产品色彩
第二节　品牌色彩
第三节　平面色彩
第四节　时尚色彩
第五节　空间色彩
第六节　数字色彩

第一节 产品色彩

工业产品的形式美是由造型、色彩、图案、装潢等多方面因素综合而成的，在众多因素中，色彩居于举足轻重的地位，它能最先引起消费者的注意，并给人以深刻的印象。可见，产品的色彩美是产品价值增值的一条重要捷径。成功的色彩设计应把色彩的审美性与产品的实用性紧密结合起来，取得高度统一的效果。色彩的选配要与产品本身的功能、使用范围和环境相适应，每种产品都有自身的特性、功效，对色彩的要求也多有不同。另外，色彩与材料需要同时考虑，不同的材料和加工方法，会在视觉和触觉上给人以不同的形象感，从而影响产品的外观。

1. 电子产品色彩

色彩设计是电子产品外观设计的重要内容，色彩的情感表达与人们的情绪体验息息相关。随着人们生活水平大幅提高，电子产品已成为人们提高生活效率、提升生活质量的重要组成部分，其色彩设计的时代感、科技感也成为了市场竞争的重要手段，企业往往推出同款产品的多色彩系列，以适应消费者的需求（图3-1、图3-2）。

20世纪90年代，设计在计算机领域产生了影响。1998年，苹果公司鉴于在电脑市场上的份额不断减少，推出了一系列果冻色透明iMac G3一体机（图3-3），扔掉了传统米白色的机身设计，与键盘、鼠标一体的彩色机身从视觉上给用户传递了活跃的情绪，不自觉中拉近了产品与消费者之间的距离，也使得苹果电脑销量快速增长。正是它的出现，给正处绝境的公司点燃了崛起的希望，也为传统的科技领域增添了色彩灵感。苹果公司的

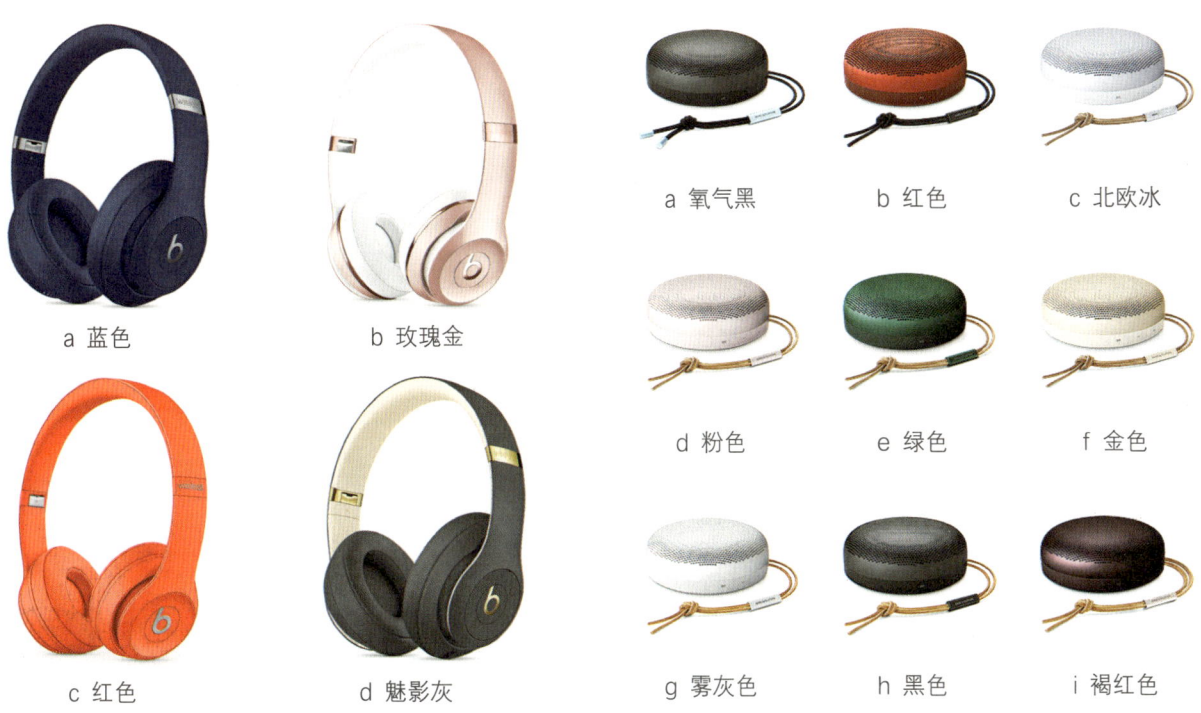

图3-1　Beats wireless头戴式耳机　　　　图3-2　B&O Beosound 蓝牙音箱

成功激发了众多公司的效仿。一夜之间,从订书机到其他产品都变成了电光蓝或橙色,还有樱桃红、葡萄紫、青柠绿与库拉索蓝等。苹果公司大胆的设计团队创造出了第一种来自计算机领域而非时尚或艺术领域的色调,iMac G3也成为了苹果产品史上的里程碑之作,为该品牌后续的色彩之旅做了铺垫(图3-4、图3-5)。

2. 汽车色彩

在汽车中,作为引领潮流的跑车,其车身的色彩涂装更是琳琅满目,各种品牌车型以个性化特征呈现(图3-6)。PPG公司是世界领先的涂料和特种材料供应商,为全球75个国家提供涂装产品及方案,它每个年度都会发布"全球汽车色彩流行报告",其汽车色彩流行趋势研究已成为一项跨文化的全球性工作。据PPG2021全球汽车色彩流行报告:白色依然高居榜首,紧随其后的是黑色、灰色和银色。可见,全球大部分消费者在选购车色时,还是趋于保守,选择相对耐看、不易过时的基础色系(图3-7、图3-8)。

图3-3　iMac G3/1998年

图3-4　彩虹版表带和表盘/2022年/苹果官网

a　蓝色/黄色/珊瑚色/红色/黑色/白色(iPhone XR)

b　黑色/白色/红色/绿色/蓝色/紫色(iPhone 12)

c　红色/星光色/午夜色/蓝色/粉色/绿色(iPhone13)

d　远峰蓝/苍岭绿色/银色/金色/石墨色(iPhone13 Pro)

图3-5　iPhone系列手机配色/2018—2022年/苹果官网

兰博基尼

法拉利LaFerrari

迈凯伦F1LM

图3-6　跑车配色

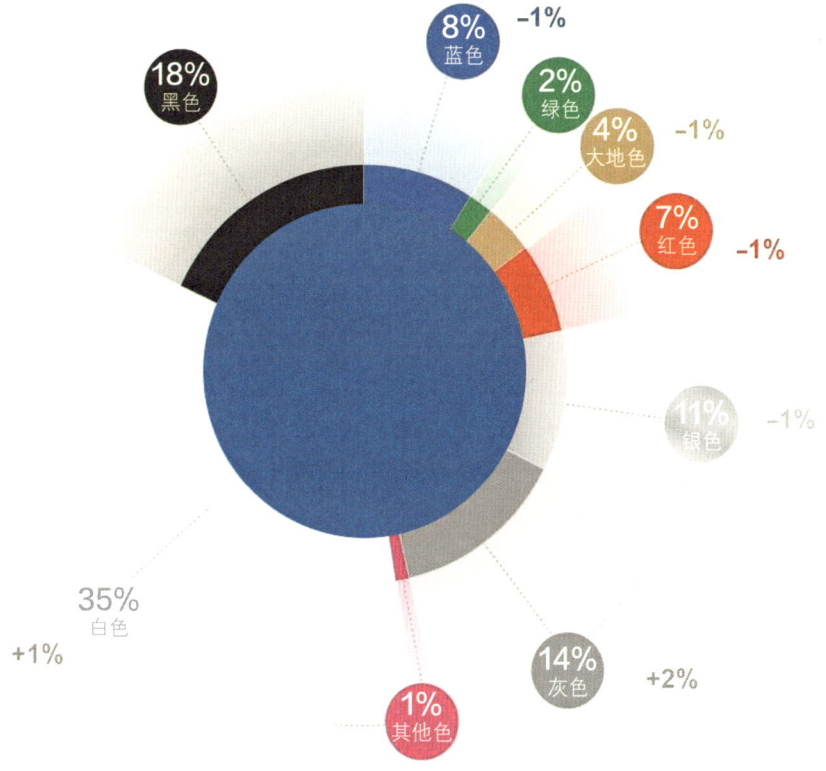

图3-7　2021全球汽车色彩流行报告/PPG公司官网

a 白色　　　　　　　　b 黑色　　　　　　　　c 蓝色

d 绿色　　　　　　　　e 大地色　　　　　　　f 红色

g 银色　　　　　　　　h 灰色　　　　　　　　i 其他色

图3-8　轿车配色/PPG公司官网

第一节　产品色彩

第二节　品牌色彩

品牌色彩作为品牌形象的重要组成部分，是品牌在消费者心中构建辨识度的第一步。消费者主要基于对颜色应用于特定性质商标的合理性来建立品牌的色彩认知。在品牌与消费者之间，色彩设计起着沟通桥梁的作用。

1. 蒂芙尼蓝

蒂芙尼（Tiffany）是美国纽约的一家珠宝品牌。"蒂芙尼蓝"（Tiffany Blue）是该品牌所拥有的颜色，其色调来自美洲知更鸟蛋壳的颜色，RGB色值为R：129，G：216，B：207。蒂芙尼蓝的色调介于蓝色和绿色之间，在色轮上找不到任何与它有相同特质的色彩，它是唯一一种由两个冷色调混合而成的颜色。它也被潘通国际通用色收录，命名为"蒂芙尼蓝1837"。品牌标志性的白色绸带加蒂芙尼蓝色礼盒，被认为是奢侈品牌包装史上最具辨识度的包装之一（图3-9至图3-12）。

美国艺术家丹尼尔·阿尔轩（Daniel Arsham）的《未来遗迹》雕塑礼盒系列作品，以青铜元素与腐蚀质感巧妙联结过去、现在和未来，将蒂芙尼经典包装幻化为富有雕塑美感的艺术品，这件艺术品的诞生同时也重新定义了蒂芙尼蓝的意义（图3-13）。

蒂芙尼蓝在婚礼和服装上都有着广泛的应用，体现着品牌的优雅与品质。同时它也象征了忠贞、爱情等美好的事物，深受人们的喜爱与欢迎（图3-14、图3-15）。

图3-9　蒂芙尼品牌LOGO

图3-10　蒂芙尼产品图

图3-11　蒂芙尼知更鸟蛋壳图

图3-12　潘通色之蒂芙尼蓝

图3-13　丹尼尔·阿尔轩为蒂芙尼设计的青铜雕塑作品

图3-14　婚礼上的蒂芙尼蓝

图3-15　服装秀场上的蒂芙尼蓝/Oscar de la Renta

2. 爱马仕橙

爱马仕（Hermès）是法国品牌，于1837年在法国巴黎创立，早年以制造高级马具闻名，后来开始将其制作工艺运用于其他产品的生产之中，如钱夹、手提包、旅行包，以及一些运动辅助用具，同时也设计制作高端的运动服装。"爱马仕橙"的RGB色值是R：235，G：92，B：4，它是时尚、活力、张扬、热烈的象征，色彩明亮而夺目，具有强大的视觉张力，被应用到品牌旗下各类产品设计中。爱马仕橙也被潘通国际通用色收录，命名为"爱马仕橙1448"（图3-16至图3-22）。

图3-16　爱马仕品牌LOGO

图3-17　爱马仕橙包装盒

图3-18　潘通色之爱马仕橙

图3-19　爱马仕产品包装

图3-20　爱马仕化妆品

图3-21 爱马仕橙家居色彩设计

图3-22 服装秀场上的爱马仕橙/Max Mara/2022

3. 互联网品牌色彩

在互联网上，一个好的配色能产生极大的品牌效应。数字化的颜色代码是通过红、绿、蓝这三种颜色的不同程度的组合来实现的，三种颜色的值由一个0到255之间的数值来表示。其中绿色象征无障碍和生命，蓝色象征科技和可靠，红色象征血气和年轻，橙色象征活力、信任以及商业购物，黄色象征温暖和透明（图3-23）。

图3-23 互联网品牌色彩示意

第三节　平面色彩

1. 包装色彩

可口可乐、百事可乐同样都是碳酸饮料，口味也相差无几，但在我们的印象中，可口可乐就是红色，百事可乐就是蓝色，这样的品牌文化已深入广大消费群体中（图3-24、图3-25）。

绝对伏特加（Absolut Vodka）是世界知名的伏特加酒品牌，该品牌不断采取富有创意而又高雅的方式诠释自身的核心价值：纯净、简单、完美。如图3-26所示，这款设计色彩缤纷、时尚靓丽，渐变的蓝红调有着特殊的魅力。

图3-24　可口可乐包装色彩

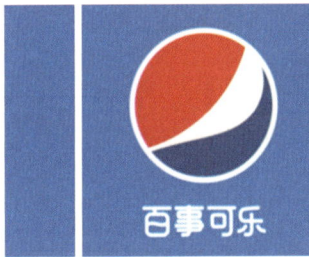

图3-25　百事可乐包装色彩

图3-26　绝对伏特加包装色彩

2. 插画色彩

作为一种艺术形式,插画广泛地应用于社会生活的各个层面,包括商业活动、公共宣传、文化艺术、出版物以及动漫影视作品等。它以直观的形象性、真实的生活感和美的感染力,引导着人们的精神生活,是人们喜闻乐见的表达形式。例如,《中国日报》海外版作为世界看中国的一个重要窗口,承载着搭建中国与世界沟通桥梁的重任。通过版面中的插画,东方文明故事得以向世界讲述,作者把传统着色方法与时尚色彩趋势结合,兼顾了中国传统艺术韵味和当代审美情趣(图3-27至图3-30)。

图3-27 《中国日报》海外版插画1/李旻

图3-28 《中国日报》海外版插画2/李旻

图3-29 《中国日报》海外版插画3/李旻

图3-30 《中国日报》海外版插画4/李旻

3. IP色彩

IP是Intellectual Property的首字母缩写，直译成中文叫知识产权，是指包括了小说、影视剧、游戏、动漫等各种基于创造性的智力成果所产生的具有一定知名度和影响力的作品或形象等，如北京冬奥会吉祥物"冰墩墩"、日本的熊本熊等知名IP，在全世界都有着超高人气（图3-31、图3-32）。色彩是IP形象的记忆点，如动画片《哪吒之魔童降世》的角色设定中，哪吒形象采用了红色，寓意火焰、热烈和抗争；敖丙形象采用了蓝色，代表冰冷、抑郁和忧伤，哪吒与敖丙红蓝色调的对比展现红蓝对立的形态，巧妙地暗示了人物的未来，预示着两人之间立场的对立以及两人终将一战的命运（图3-33、图3-34）。

图3-31　2022北京冬奥会吉祥物"冰墩墩"形象

"冰墩墩"头部装饰有彩色光环，与北京冬奥会新建的冰上竞赛场馆——国家速滑馆（被誉为"冰丝带"）相呼应，脸上流动的明亮色彩线条象征着冰雪运动的赛道和5G高科技。

图3-32　熊本熊形象

在色彩搭配上，熊本熊的IP形象突出了日本熊本县的特色，身体主色调被定为熊本县的主颜色——黑色，脸蛋上重重地画上了两块圆圆的腮红，这不但让它更憨厚可爱，而且代表了美味的红色农产品，更是呼应了熊本县的火山地貌以及"火之国"这一称号。

图3-33　《哪吒之魔童降世》哪吒角色形象　　图3-34　《哪吒之魔童降世》敖丙角色形象

第四节 时尚色彩

1. 时装色彩

时装设计师克里斯汀·迪奥（Christian Dior）在1947年推出的"花冠"系列服装，被媒体称为"新风尚"（New Look）（图3-35、图3-36）。他的时装具有鲜明的风格：裙长不再曳地，强调女性腰肢纤细、肩形柔美的曲线；配色鲜明简洁，高档次面料表现出耀眼、光彩夺目的华丽；做工精细，迎合上流社会成熟女性的审美品位。迪奥让黑白色成为了一种流行的颜色，在他的设计中他将女性独特的魅力表现得淋漓尽致（图3-37），这些服装表现了女性的自信与诱惑，不仅具有权威感，还具有现代性，在时尚界备受关注。迪奥先生很喜欢花，他曾在庭院内种植了上百种的玫瑰花，从他的作品上，我们大多能找到玫瑰的踪影（图3-38）。玫瑰贵为百花之后，是克里斯汀·迪奥的常用元素，从代表迪奥的经典深红色，到娇柔的粉色、娇美的玫瑰色都尽现色彩百变的美态。无论是待放的含蓄，或是盛放的娇艳，它都为无数时装设计师带来源源不断的灵感。从时装到香氛，从珠宝到彩妆，迪奥诠释了女性成熟与优雅的美，他将经典配色、典型元素运用到极致。

图3-35　New Look造型1/克里斯汀·迪奥

图3-36　克里斯汀·迪奥服装设计手稿

图3-37　New Look造型2/克里斯汀·迪奥

这款被称作是"New Look"造型的出现打破了战后女装保守古板的线条。以克里斯汀·迪奥为首的时装设计师开启和展现了以"形"为主的女性的柔美，同时黑色与白色搭配更纯粹、经典，凸显着将女性优雅风格作为设计重心的变化。

图3-38　1949年春夏高级订制发布会礼服裙/克里斯汀·迪奥

2. 潘通色及其年度流行色

潘通（PANTONE）是全球最权威的色彩机构，它用产品、服务与技术启发了众多专业设计师，并提供了当今交流色彩信息的国际统一标准语言。1963年，潘通公司创始人劳伦斯·赫伯特（Lawrence Herbert）用他的潘通配色系统改变了整个印刷业。当潘通的一种颜色被选中时，只要通过潘通系统进行印刷，印刷机就能随时使用潘通墨水及配方，创造出完全一样的颜色。潘通系统因其清晰、简捷获得了巨大的成功（图3-39）。

潘通色卡，为国际通用的标准色卡（图3-40），涵盖印刷、纺织、塑胶、绘图、数码科技等领域的色彩。潘通色卡包含光面C卡和哑面U卡两种，我们可以通过查询色号寻找需要的颜色（图3-41）。

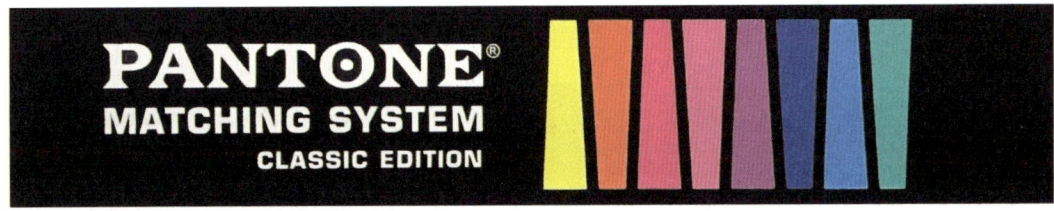

图3-39　《潘通配色系统》封面/约20世纪60年代

图3-40　潘通配方指南国际标准通用CU色卡1

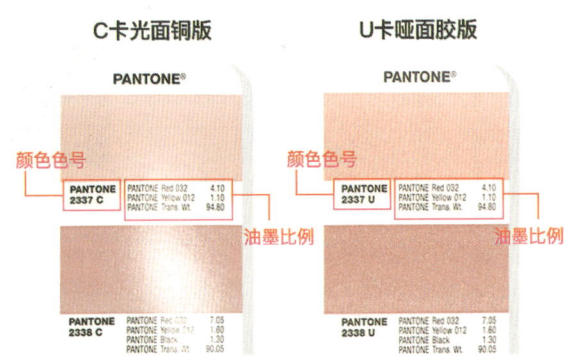

图3-41　潘通配方指南国际标准通用CU色卡2

第四节　时尚色彩

潘通年度流行色，可以说是最成功的色彩营销案例之一。每年都有一批来自世界各地的流行色专家，带着各种提案去挖掘色彩线索，其中包括很多领域，如杰出的艺术作品、电影、时尚、流行艺术、包装设计等，基于色彩心理学、行业调研、大数据分析等各项研究，综合考量后，最终于每年12月份，"官宣"潘通年度流行色，以供品牌方和设计师提前准备与应对下一年的产品或服务。潘通年度流行色作为流行趋势的方向标与社会情绪的代表，具有极强的话题性及社交属性（图3-42至图3-45）。

图3-42　2020年潘通流行色经典蓝（19-4052）
永恒而持久的蓝色调，简洁而优雅，让人联想到黄昏的天空，凸显出人们在进入新时代的过程中对可靠、稳定的渴望。

图3-43　2021年潘通流行色极致灰（17-5104）和亮丽黄（13-0647）
这两种颜色很好地体现了不同元素之间的相互支持，明亮欢快的黄色，闪烁着活力，是一种充满阳光的暖黄色调，象征着坚固可靠、经久不衰，传达了一种力量。

图3-44　2022年潘通流行色长春花蓝（17-3938）
潘通首次自创的一款流行色。以长春花的蓝色为基调，注入充满活力的紫红色，给人温暖、欢乐与活力的存在感。它展现出愉悦的态度与充满活力的风貌，可以激发人们有更多勇气去创意、去大胆想象。潘通希望通过长春花蓝这一新色彩，鼓舞人们即使被疫情困扰，环境、生活方式发生变化，也依然要保持创造的活力与愉悦的心情，为新的一年注入憧憬和力量。

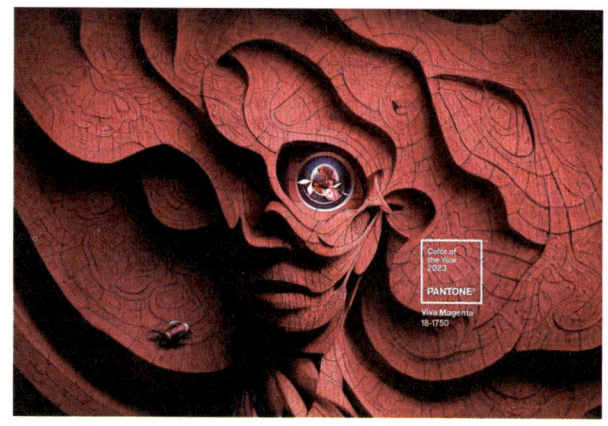

图3-45　2023年潘通流行色非凡洋红（18-1750）
"洋红色象征着一个重新站稳脚跟与保持信心的意念。"这种色调的灵感来自于天然的红色染料——一种叫做胭脂虫的小昆虫。非凡洋红（Viva Magenta）代表安心、信心、关心，在充满不确定性的岁月里，这抹红可以是柔和的、平静的或振奋的色彩，鼓励每个人要以乐观主义精神面对未来。

第五节　空间色彩

环境空间设计以不断满足人类物质生活与精神需求为目标，是对人类生存空间的设计，设计的宗旨是改善和美化人们的生存与生活环境。环境空间设计包括的范围很广泛，如建筑设计、室内设计、环境小品设计、公共艺术设计、城市规划等。在设计的内容方面，色彩的规划和专项设计是总体设计重要的考量方面。色彩对人的影响深远，可以改善环境功能、慰藉心灵，并使环境深具美感。

1. 室内色彩

随着中国社会的快速发展，人居生活环境得到了巨大的改变，生活的品质不断提高，家居环境设计已经达到了非常专业的程度。涂料行业头部品牌立邦发布的2022中国流行色彩趋势，为当今家居设计的色彩选择、多领域色彩运用及表达提供了优质的参考（图3-46至图3-48）。

图3-46　2022中国流行色彩趋势/立邦涂料色彩搭配

图3-47　北欧风格室内设计

图3-48　卡尔顿酒店/万豪集团

2. 建筑色彩

建筑的外在表现是形态与色彩，其色彩在环境中起着重要的作用。建筑色彩的发展有着悠久的历史，世界上不同地区的建筑都有着自身鲜明的文化烙印（图3-49至图3-59）。建筑空间色彩搭配需要注重色彩对比、色彩调和。同类色、邻近色的搭配具有平和、大方、简洁、清爽、完整、静寂的性格，也最能使环境色彩取得整体协调和完美统一，常用于庄重而高雅的空间。对比色运用是一种富有表现力和充满力量感的色彩配置。环境空间艺术设计中的色彩设计除了遵循色彩配置结构的原理外，还必须综合考虑设计的具体位置、面积、环境、材质、功能目的、地方民族传统、服务对象等因素，要满足这些需求，就应充分利用色彩的特性来为设计服务。

图3-49　上海世博会"中国馆"

图3-50　北京大兴国际机场

图3-51　中国国家大剧院

图3-52 加拿大蒙特利尔色彩斑斓的建筑

图3-53 西班牙莫斯托雷斯社会服务中心建筑

图3-54 法国小镇伊兹的费哈角海岬建筑群

图3-55 杭州奥体中心主体育场

图3-56 美国新墨西哥州的印第安村落

图3-57 安徽宏村民居

图3-58　福建南靖田螺坑土楼群

图3-59　希腊建筑

地中海地区建筑立面的色彩处理强调纯洁，往往采用一些中间色，彩度较低，像明灰色、象牙色、明橙色，典型的例子如爱琴海、法国小镇伊兹费哈角海岬的建筑；中国福建土楼的色彩给人神秘、浑厚有力和牢固的感觉，安徽宏村等江南民居色彩则以黑瓦、白墙、赭色大门，传达一种素雅、质朴的意象。

3. 景观色彩

景观环境的营建中，植物的色彩搭配以及季相的色彩变化是设计重要的组成方面，中国传统园林的诗画之美已成为全人类共同的精神与物质财富。随着中国城市化的快速发展，城乡环境发生了显著的进步，近20年来积累了大量的建设成果与案例（图3-60至图3-65）。

图3-60　自然田园景观

图3-61　上海世博会雕塑景观

图3-62　九寨沟景区景观

图3-63　无锡寄畅园景观

图3-64　衢州体育公园建筑和景观

图3-65　杭州西湖景区景观

第五节　空间色彩

第六节　数字色彩

1. 电影色彩

电影色彩具有造型和表意的功能，影片的色彩对主题的表现、烘托、塑造有着重要的作用，色彩的运用为影片增添了更多的想象空间，拓展了电影艺术的思想性和情感性，许多优秀的电影在影片的色彩运用上，都有着很高的造诣。

电影海报是电影宣传的中坚力量和重要角色，设计师通常利用色彩的象征性和色彩相互配合，生动、准确地表达特定主题，创造出完美的、震撼人心的艺术效果，从而达到宣传电影，吸引人们进入影院的目的。不同的色彩具有不同的象征性，例如，橙色是暖色系中最温暖的色，在空气中穿透性较强，通常代表梦境光影，象征沉淀与活力；粉色象征可爱、甜美、温柔以及天真，梦幻般的童话世界，清新浪漫；黄色是具有活力、好奇、欢快并富有正能量的颜色，而且具有较好的冲击力，在海报设计中往往非常能抓人眼球（图3-66）。因此，电影海报设计可以利用色彩的象征性更准确地表达主题和挖掘深刻的思想内涵。

电影海报中还常见对立的互补色的碰撞运用，对立颜色大多与冲突有关，不管是内在的还是外部的。互补色结合了暖色调和冷色调，通过色彩营造出强烈的视觉冲击力。这种表现打破了整体色调的单调平庸的感觉，产生生动、有意味的色彩效果，进一步增强了戏剧效果（图3-67）。

图3-66　《沙丘》（左）《布达佩斯大饭店》（中）《阳光小美女》（右）电影海报

图3-67 《花木兰》（左）《大鱼海棠》（中）《影》（右）电影海报/设计师：黄海

第六节 数字色彩

2. 交互色彩

随着计算机互联网技术的不断进步，智能手机的普及，以及各类平板设备的使用，我们已经进入到了一个信息化的时代，读屏已经成为了一种习惯。由此，UI交互界面的设计也成为当下一大设计门类，平板电脑界面、App应用界面、电脑系统界面、网页界面、游戏界面、智能电视界面、车载导航设备界面、可穿戴设备界面等都离不开色彩系统化设计（图3-68、图3-69）。

图3-68 车载导航设备界面色彩

图3-69　手机界面色彩

3. 虚拟现实色彩

虚拟现实正逐步成为一个新的科技发展领域，小到VR眼镜，大到大型演艺活动，虚拟现实利用计算机、电子信息、仿真技术、视觉影像音效等综合手段，创造出震撼的沉浸式体验（图3-70至图3-72）。

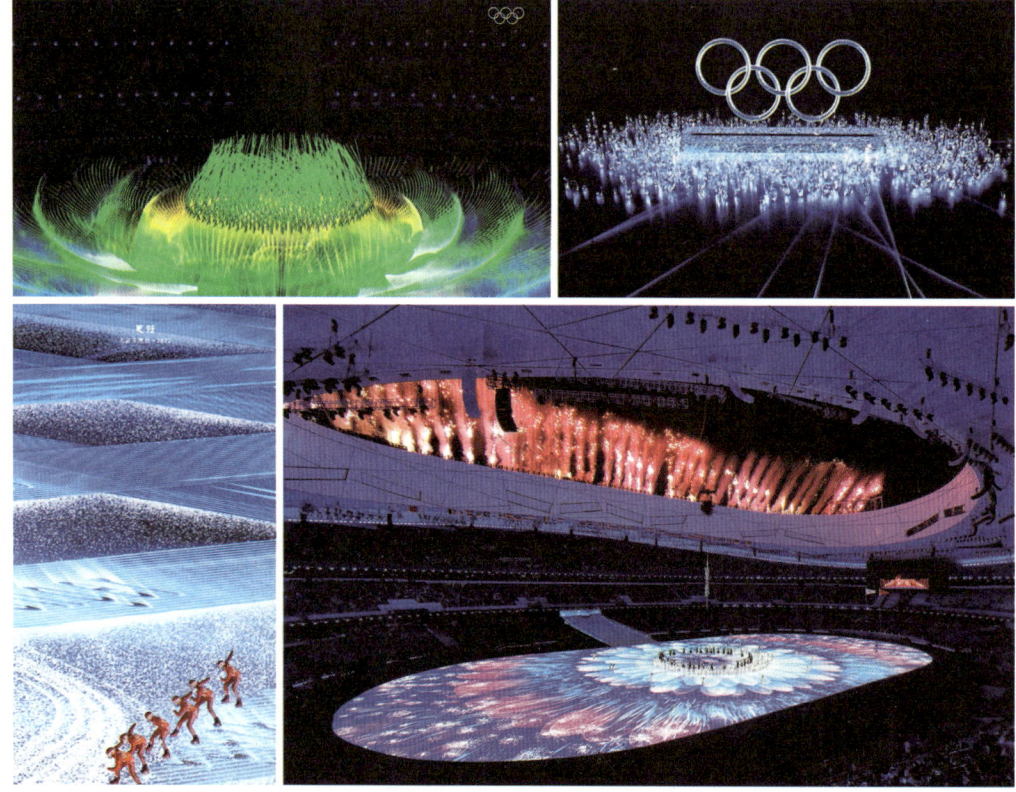

图3-70　2022北京冬奥会开幕式

北京冬奥会和冬残奥会的开幕式上采用了大量的虚拟现实技术，集虚拟影像、音乐、表演于一体，将中国传统文化与现代科技、艺术完美结合，给全世界上演一场中国式浪漫。

图3-71 沉浸式光影艺术作品

图3-72 故宫沉浸艺术大展"画游千里江山"

第六节 数字色彩

参考文献

[1] [瑞士] 约翰内斯·伊顿. 色彩艺术[M]. 杨继梅, 译. 北京: 北京科学技术出版社, 2022.

[2] 李旻. 此岸的日月[M]. 广州: 新世纪出版社, 2021.

[3] 郭浩. 中国传统色: 色彩通识100讲[M]. 北京: 中信出版社, 2021.

[4] 陈宇锋. 倾国之色: 中国传统色彩赏析&现代搭配方案图鉴[M]. 北京: 清华大学出版社出版, 2021.

[5] [美]莱亚特丽斯·艾斯曼, [美]基斯·雷克. 色彩中的100年: 潘通经典配色图鉴[M]. 孙荣浩, 译. 上海: 文汇出版社, 2020.

[6] 肖世孟. 中国色彩史十讲[M]. 北京: 中华书局, 2020.

[7] 渡边安人. 色彩学基础与实践[M]. 北京: 中国建筑工业出版社, 2019.

[8] 先锋空间. 中式配色: 传统色彩的新运用[M]. 南京: 江苏凤凰科学技术出版社, 2018.

[9] 上海博物馆. 从巴比松到印象派: 克拉克艺术馆藏法国绘画精品[M]. 上海: 上海书画出版社, 2013.

[10] 席跃良. 色彩与设计色彩(第2版)[M]. 北京: 清华大学出版社, 2012.

[11] 高春明. 中华元素图典·传统织绣纹样·吉祥寓意[M]. 上海: 上海锦绣文章出版社, 2009.

[12] 周逢年. 设计色彩[M]. 合肥: 合肥工业大学出版社, 2009.

[13] 陈晓蕙. 设计色彩[M]. 杭州: 浙江人民美术出版社, 2008.

[14] 林家阳. 设计色彩教学[M]. 上海: 东方出版中心, 2007.

[15] 赵国志, 孙明. 色彩设计基础[M]. 北京: 高等教育出版社, 2007.

[16] 胡崧, 于慧. 创意配色实战技巧[M]. 北京: 中国青年出版社, 2007.

[17] [日]小林重顺. 色彩心理探析[M]. 南开大学色彩与公共艺术研究中心, 译. 北京: 人民美术出版社, 2006.

[18] 李亮之. 色彩设计[M]. 北京: 高等教育出版社, 2006.

[19] 林家阳. 设计色彩[M]. 北京: 高等教育出版社, 2005.

[20] 中国织绣服饰全集编辑委员会. 中国美术分类全集·中国织绣服饰全集·第2卷·刺绣卷[M]. 天津: 天津美术出版社, 2004.

[21] 宗凤英. 清代宫廷服饰[M]. 北京: 紫禁城出版社, 2004.

[22] 敦煌研究院. 敦煌石窟全集[M]. 上海: 上海人民出版社, 2001.

[23] 宋建明. 色彩设计在法国[M]. 上海: 上海人民美术出版社, 1999.